De la
nature du droit du fermier.

DE LA

NATURE DU DROIT DU FERMIER

OU DU LOCATAIRE DE MAISONS.

PARIS. — IMPRIMERIE DE FAIN ET THUNOT,
IMPRIMEURS DE L'UNIVERSITÉ ROYALE DE FRANCE,
RUE RACINE, 28, PRÈS DE L'ODÉON.

DE LA NATURE

DU DROIT DU FERMIER

OU

DU LOCATAIRE DE MAISONS.

PAR M. FERRY,
Professeur suppléant à la Faculté de droit de Paris.

Extrait de la *Revue Étrangère et Française*
de Législation, de Jurisprudence et d'Économie politique, 1841.

PARIS.
JOUBERT, LIBRAIRE-ÉDITEUR,
RUE DES GRÈS, 14, PRÈS DE L'ÉCOLE DE DROIT.

1841.

DE LA

NATURE DU DROIT DU FERMIER

OU DU LOCATAIRE DE MAISONS.

Les droits forment deux classes : les uns sont réels, les autres personnels.

Le bail, dans notre ancienne législation, empreinte des principes du droit romain, ne conférait au locataire qu'un droit personnel.

Depuis la publication de notre Code civil, ce droit, sur lequel le législateur garde le silence, est cependant attaqué : le droit réel a des partisans dans l'enseignement, et M. Troplong en a proclamé l'existence dans son commentaire sur le louage. Cette innovation a-t-elle été en effet dans la volonté du législateur? ou n'est-elle qu'une théorie erronée qu'il importe de combattre?

C'est à cette dernière opinion que nous nous attachons. Le législateur, en ajoutant, par l'article 1743, un effet nouveau au contrat de louage d'immeubles, était dominé par la pensée d'améliorer ce qui existait, et non par celle de le détruire. C'est ce que nous allons essayer d'établir dans le cours de cette dissertation.

Dans toutes les sciences, il est des questions qui font naître des discussions du plus grand intérêt scientifique, et dont cependant la solution n'exerce qu'une médiocre influence sur les destinées du corps social. Celle dont nous nous occupons n'est pas de ce nombre :

elle est subordonnée en théorie à la distinction des droits réels et personnels, et dans l'application elle peut conduire, selon la solution qu'on lui donnera, à des résultats bien différents en matière de rapports, de communauté légale, de séparation de biens, de régime dotal, de société universelle de gains, de stellionat, de privilége, de prescription; peut-être pourrais-je ajouter de donation, d'hypothèque, de saisie.

Cette dissertation aura deux parties : la première contiendra l'exposé de ma doctrine; la seconde, la réfutation de la doctrine opposée, telle qu'elle est présentée par M. Troplong.

Partisan d'une ancienne doctrine, il me suffirait de repousser les attaques qui sont dirigées contre elle : je pourrais me dispenser de l'établir, puisqu'elle existe. L'opinion qui admet le droit personnel est ancienne; elle a été longtemps incontestée; son origine est contemporaine de la naissance du contrat de louage, et je pourrais presque invoquer ici la maxime : *actore non probante, reus absolvitur*.

Mais je veux bien, pour placer le droit personnel à l'abri de toute atteinte, prendre le soin d'offrir une démonstration à laquelle je ne suis pas véritablement obligé; on me contesterait peut-être le bénéfice de ce rôle de défendeur qui m'appartient; on prétendrait qu'une législation nouvelle étant survenue, il n'y a pas de raison décisive pour supposer que les anciens principes sont maintenus.

Je crois qu'il est facile de montrer que ces principes n'ont pas été changés.

Sans doute, lorsqu'une pensée révolutionnaire s'est emparée d'un peuple, les habitudes perdent leur empire, les traditions s'effacent, les mœurs s'altèrent, l'es prit de changement domine et les innovations naissent de toutes parts.

Mais notre législation civile n'est pas née dans de semblables circonstances. A l'époque où elle a été élaborée, l'effervescence révolutionnaire s'était apaisée, la nation rentrait peu à peu dans ses habitudes, renouait le fil de ses traditions interrompues; l'esprit d'ordre avait repris presque toute son influence; les intérêts et les mœurs étaient encore ceux du passé qu'on avait vainement voulu faire disparaître. C'est donc à l'ancienne législation que les rédacteurs du Code civil ont dû emprunter les principaux éléments du nouvel édifice qu'ils étaient chargés d'élever. Sans doute, dans l'accomplissement de cette œuvre, un grand discernement était nécessaire; il fallait rejeter ce qui était défectueux, compléter ce qui était insuffisant, donner satisfaction à des besoins nouveaux, à des mœurs modifiées; enfin faire un choix judicieux entre des dispositions variées et quelquefois contradictoires.

Que conclure de là? Que le législateur moderne se plaçant pour ainsi dire au milieu de l'ancien ordre de choses pour le continuer en même temps que pour l'améliorer, est présumé avoir voulu conserver aux institutions qu'il lui emprunte, les principes qui les régissaient. C'est donc avec raison que j'ai dit que les adversaires du droit réel sont tenus de justifier l'innovation qu'il allèguent; mais, je le répète, je consens à me charger du rôle qui n'est pas le mien, à faire la démonstration dont je pourrais me dispenser.

§ 1er. Preuves de la personnalité du droit du preneur.

Toute controverse sur l'existence d'une chose donne lieu à trois questions :

Cette chose est-elle possible? Existe-t-elle réellement? Existe-t-elle d'une manière contingente ou nécessaire?

Examinons la personnalité du droit du preneur sous ce triple aspect, et d'abord, montrons qu'elle est possible. Je dois remonter aussi haut et adopter cette forme rigoureuse et sévère dans la discussion, à cause du dédain avec lequel M. Troplong traite la subrogation de l'acquéreur aux obligations de son auteur. Cette manière d'expliquer l'art. 1743 ne lui paraît même pas digne de réfutation, et s'il dit en passant un mot de la subrogation, c'est pour en déclarer, sinon l'impossibilité absolue, du moins la parfaite invraisemblance. A son avis, admettre la subrogation en cette matière, c'est prononcer la suppression de tous les droits réels. « Passez-moi, dit-il n° 9, ce sous-entendu (d'une subrogation tacite) et j'effacerai même de nos Codes tous » les droits réels; je n'aurai besoin que de supposer un » engagement tacite!!! » Ces trois points d'exclamation, ajoutés pour donner plus de force à l'expression, montrent que, dans la pensée de l'auteur, la doctrine qu'il combat est une chimère; la subrogation qu'il conteste, une impossibilité.

Et cependant M. Troplong lui-même admet sans difficulté la subrogation à la créance!

Pourquoi cela? Dans la subtilité des principes, les dettes, soit actives, soit passives, ne sont pas transportables : la subrogation est toujours impossible. Une dette constituant un rapport entre deux personnes, l'une des deux (le créancier ou le débiteur) ne peut disparaître sans que le rapport soit anéanti; c'est inutilement qu'une autre personne la remplace. Par son intervention, un rapport nouveau prend naissance, mais l'ancien ne subsiste plus. Cependant des considérations d'utilité générale ont prévalu sur cette immobilité de l'obligation, et on est arrivé, par des moyens détournés, à rendre transportable, quant aux résultats, ce qui ne l'était pas réellement. Chacun sait que le but a été atteint par l'introduction des *procuratores in rem suam*.

Cet expédient, employé pour la dette comme pour la créance, devait cependant s'appliquer plus facilement et plus fréquemment à la dernière. Cette différence ne tient pas à ce que la dette se prête moins à la subrogation; elle résulte d'abord de ce que la dette est moins susceptible d'être la matière d'une négociation, et que d'autre part, pour l'opérer, le concours du créancier est nécessaire, tandis que celui du débiteur ne l'est pas pour la subrogation de la créance.

Nul doute ne s'élevait, en droit romain et sous l'empire de notre ancienne jurisprudence, sur la personnalité du droit du preneur; aussi le successeur particulier qui ne succède pas aux obligations de son auteur n'était-il pas tenu de respecter le bail : *emptori quidem fundi*, porte la loi 9 *C. Locato*, *necesse non est stare colono*. Mais, pour prévenir les recours du colon expulsé, le vendeur avait soin d'insérer une clause qui imposait à l'acquéreur l'obligation de maintenir le colon, et par suite de laquelle celui-ci avait contre cet acquéreur les actions et exceptions qu'il aurait eues contre le bailleur lui-même. Cela résulte de la suite de la même loi. L'acquéreur succédait alors aux obligations du bailleur. La subrogation est-elle autre chose?

Cette clause changeait-elle la nature du droit du preneur, de personnel le rendait-elle réel? M. Troplong n'ose pas aller jusque-là, malgré sa sollicitude en quelque sorte paternelle pour le droit réel.

Admettons que l'interprétation ait toujours sous-entendu cette clause ; cette supposition est raisonnable, elle est conforme aux principes mêmes de la législation romaine, qui autorise à suppléer les clauses d'usage. L'intérêt qu'avait le bailleur à l'insérer dans l'acte d'aliénation, pour prévenir le recours du preneur, devait faire présumer que son omission était l'effet de l'inattention ou de l'ignorance. Mais la clause sous-entendue ne peut pas produire plus d'effet que la clause formellement exprimée, c'est-à-dire une subrogation.

Faisons un pas encore, rapprochons-nous de l'article 1743. La clause non exprimée pouvait paraître incertaine. S'il y avait des raisons pour l'accueillir, il y en avait pour la combattre. Souvent, en semblable occasion, le législateur, pour prévenir toute incertitude, s'explique formellement et établit une présomption légale. Personne ne lui refuse ce pouvoir : *si enim pactis conventis hoc fieri conceditur, et in usu quotidiano hoc versari adspicimus, cur non ipsa legis auctoritate hoc permittatur.* L. 28, C. *de fidejuss.* En se faisant ainsi l'interprète des parties, le législateur ne change point les effets de leur volonté; la disposition légale enfante donc ce qu'eût produit la clause, soit expresse, soit tacite : la subrogation.

De là à la règle consacrée par l'art. 1743, la distance n'est pas grande, et la transition est facile. La présomption légale n'a atteint qu'imparfaitement le but que s'est proposé notre législation. C'est beaucoup, sans doute, mais ce n'est pas assez de soustraire le bailleur aux conséquences fâcheuses d'une omission involontaire : aussi le Code s'est-il préoccupé des intérêts du locataire, auquel il a voulu donner une sécurité qui jusque-là lui avait manqué.

En effet, la subrogation, telle qu'elle existait, bien qu'elle profitât au preneur, avait pour objet principal et immédiat l'intérêt du bailleur, dont la responsabilité était mise à couvert. Mais le preneur restait à la merci des parties contractantes, maîtresses d'admettre ou de rejeter la clause. Il fallait que la disposition de la loi fût protectrice et gardienne des intérêts du preneur comme de ceux du bailleur; et pour cela il suffisait de lui donner un caractère impératif qui se trouve précisément dans l'art. 1743 : *l'acquéreur*, y est-il dit, *ne peut expulser le fermier ou locataire.*

Mais ce caractère impératif altère-t-il la nature du droit qui est conféré? Ce qu'une personne réclame de moi, à titre de service, changerait-il la nature, parce qu'elle pourrait impérieusement l'exiger? Non évidemment. La subrogation sort donc de l'art. 1743, comme nous l'avons vue naître de la clause expresse ou tacite, et de la disposition qui établissait une présomption légale.

Mais je m'aperçois que cette conclusion a trop de portée. Je ne voulais ici que prouver la possibilité du droit personnel, en présence de l'art. 1743, et j'en ai établi l'existence; d'autres arguments vont le confirmer.

On peut les diviser en deux classes : les uns ne tendent qu'à prouver que le législateur a voulu maintenir le droit personnel; les autres démontrent que, dans l'état actuel de la législation sur le louage, il n'a pu, sans contradiction, vouloir autre chose. Ces dernières serviront à établir que le droit du preneur est nécessairement personnel.

Les auteurs du Code civil ont peu innové en matière de contrats; ils n'ont presque fait que reproduire les anciennes règles; et, pour s'en convaincre, il suffit de parcourir les traités de Pothier, dont les dispositions du Code ne sont souvent que le résumé.

Cette observation est surtout applicable au contrat de louage. Si l'on excepte l'art. 1743 et quelques autres dispositions de détail, ce titre n'est que le calque fidèle des doctrines de Pothier.

En recherchant les motifs qui ont déterminé le législateur à placer dans l'art. 1743 la *prohibition faite à l'acquéreur d'expulser le fermier ou locataire*, on reste convaincu qu'il n'a pas voulu donner au fermier ou locataire une action en revendication contre les tiers, mais qu'il a eu l'intention de protéger en même temps le bailleur contre son ignorance, et le preneur contre les conséquences de l'aliénation. Or, la subrogation suffit pour atteindre ce double but; nous allons le démontrer.

Quatre motifs paraissent, à des degrés différents, avoir influé sur la rédaction de l'art. 1743. Ce sont: 1° la foi due aux conventions; 2° l'intérêt des parties contractantes; 3° l'ordre public; 4° la prospérité de l'industrie agricole.

1° *La foi due aux conventions.* En droit romain, le créancier qui se plaignait de l'inexécution d'une obligation n'avait pas, la plupart du temps, le moyen de la faire exécuter. Si le débiteur résistait, le demandeur était forcé de se contenter d'un dédommagement; seulement la condamnation s'aggravait à raison de la mauvaise foi du défendeur.

Cet équivalent ne procurait pas toujours une satisfaction complète; il n'était pas juste de laisser au débiteur la liberté de tromper l'attente légitime du créancier.

Toute législation qui est impuissante à surmonter l'obstination frauduleuse du débiteur est, par cela même, imparfaite ; aussi la législation romaine, dans son dernier état, et la législation française à toutes les époques, avaient, autant que la nature des choses le permettait, admis comme règle, que le débiteur serait tenu d'exécuter précisément son obligation.

Innovation morale : car si les dommages-intérêts plus ou moins considérables indemnisent le créancier, ils ne justifient pas le débiteur, qui reste sous le poids de cette maxime : *grave est fidem fallere !* La loi contre laquelle il se révolte doit le contraindre à exécuter sa promesse. Permettre à l'acquéreur d'expulser le fermier, c'était permettre indirectement au bailleur de manquer à son obligation envers le preneur, puisqu'il serait libre de faire faire par un acquéreur ce qu'il ne pouvait faire lui-même. On comprend combien le désir de lui ôter cette faculté a dû avoir d'influence sur l'esprit du législateur.

2° *L'intérêt des parties contractantes.* L'intérêt du bailleur est évident. La prévoyance de l'homme est souvent en défaut; celle de la loi doit la suppléer. Le bailleur, par oubli, par distraction, par ignorance, négligeait quelquefois l'avertissement du jurisconsulte Caïus : *curare debet ut apud emptorem quoque eadem pactione et colono frui et inquilino habitare liceat.* De là, sa responsabilité engagée envers le preneur ; *alioquin*, continue le jurisconsulte, *prohibitus is aget cum eo ex conducto*, l. 25, § 1, ff. *locati.*

L'intérêt du preneur est plus apparent encore. L'article 1743 le met à l'abri de l'expulsion dont il était perpétuellement menacé.

3° *L'ordre public.* L'art. 1743 prévient les recours du preneur contre son bailleur. Ce résultat n'est point sans une véritable importance : les procès font naître et entretiennent les haines; ils sont une cause de désordre qu'il est sage de prévenir, ou du moins d'atténuer. D'ailleurs, cette protection accordée au droit du preneur repousse le reproche d'impuissance qui tend à énerver la législation, et lui enlève ce qui fait une grande partie de sa force, la confiance et le respect.

4° Enfin *la prospérité de l'industrie agricole*. Tout législateur subit les idées de son siècle, en faisant effort pour le diriger : le plus ordinairement il ne commande qu'en cédant. Les adeptes d'une science nouvelle, célèbres sous la dénomination d'*économistes*, avaient posé comme base fondamentale de leur système, que l'industrie agricole est seule productive. Cette doctrine exposée, ou plutôt prêchée par ses partisans avec toute l'ardeur de véritables sectaires, dut attirer l'attention publique sur l'agriculture. De toutes parts, on cherchait les moyens de la rendre prospère; on signala avec exagération les causes de sa décadence; on proposa des procédés pour arrêter les progrès du mal.

En conséquence, la position du fermier, que la législation rendait précaire et incertaine, quoiqu'elle fût assez stable en réalité, dut appeler l'intérêt; la règle établie dut devenir l'objet d'amères critiques et l'occasion de nombreuses doléances. On pouvait dire avec raison qu'un colon, hôte précaire de la ferme qu'il occupe et qu'il exploite, ne songe pas à l'améliorer; qu'à peine assuré du présent, il ne peut rien confier à l'avenir; qu'il ne prête parcimonieusement à la terre que ce qu'elle peut lui rendre promptement, tremblant que sa prévoyance de quelques mois ne lui soit une cause de ruine; qu'il a, comme le laboureur de Virgile, à craindre qu'un autre recueille le fruit de ses travaux.

Impius hæc tàm culta novalia miles habebit,
Barbarus has segetes!

On était donc autorisé à réclamer pour les fermiers la sécurité qui leur manquait, en affirmant que la prospérité de l'agriculture croîtrait avec le bien-être particulier. Ces réflections avaient dû faire une impression profonde, et il n'est pas étonnant que les auteurs du Code civil en aient tenu compte.

Ces quatre motifs, dont l'influence a amené la dérogation à l'ancien droit, exigent-ils le remplacement de la personnalité par la réalité ?

D'abord, qu'importe à la bonne foi des conventions que le preneur ait un droit réel ou un droit personnel ? La violation du contrat n'est-elle pas prévenue par la subrogation ?

2° En quoi l'intérêt des parties contractantes veut-il qu'un droit réel naisse du bail ? Ce n'est pas assurément pour le bailleur qu'on le réclame ; quant au preneur, nous allons voir qu'on lui ferait un présent plus nuisible qu'utile.

3° En quoi l'ordre public est-il compromis par la conservation de la personnalité, puisque la subrogation prévient les recours et produit une pleine sécurité ?

4° Enfin, pourquoi l'industrie agricole réclamerait-elle l'assistance du droit réel ? Le fermier n'est plus, grâce à la subrogation, à la merci du bailleur ; celui-ci ne peut, en aliénant la ferme, exposer le colon à une expulsion.

Mais, dit-on, le fermier aurait plus de sécurité encore, et l'agriculture y trouverait un élément de prospérité de plus, s'il avait l'action réelle contre les tiers détenteurs. Cela fût-il vrai, cette considération ne serait pas une raison suffisante pour motiver un changement radical. Que sera-ce donc si l'on démontre que l'action réelle, loin de lui procurer un bénéfice, ne lui offre pas même les avantages que l'action personnelle lui assure?

Si le tiers détenteur se présente comme successeur universel du bailleur, il est soumis aux obligations de celui dont il est le représentant. S'il a la qualité d'acquéreur, de successeur particulier, il est placé sous l'empire de la subrogation établie par l'art. 1743. Dans ces deux cas, que produirait de plus le droit réel?

Que si, audacieux spoliateur, il ne peut ou ne veut point déguiser les vices de sa possession, l'art. 1743 ne lui sera pas applicable; j'en conviens. Mais, dans cette hypothèse, qui d'ailleurs se présentera bien rarement, le fermier sera-t-il beaucoup plus mal traité que s'il avait directement la revendication contre le tiers détenteur? Je ne le pense pas. Ne serait-ce pas à ses périls et risques qu'il intenterait la revendication?

Pourquoi donc le faire courir après cette action périlleuse, lorsque, dans le système de la subrogation, une simple dénonciation faite au propriétaire lui suffira pour rentrer en jouissance aussitôt au moins que s'il agissait lui-même? Un double intérêt lui garantit les diligences du bailleur; car, d'une part, le droit de propriété de celui-ci est compromis, et, d'une autre, sa responsabilité envers le preneur est engagée. Quel plaideur, maître de choisir entre l'attente paisible de l'issue d'un procès engagé par un autre dans son intérêt, et les embarras et les dépenses d'un procès personnel, peut hésiter et ne pas préférer la première position?

La preuve puisée dans les motifs se fortifie par des

considérations tirées tout à la fois de la forme de l'article 1743 et des restrictions qu'il contient.

L'art. 1743 est précisément l'inverse de la loi 9 C. *locato* ; l'exception admise par cette loi devient la règle dans l'article, et réciproquement. Mais, chose remarquable! la forme des dispositions est absolument la même. *Emptorem quidem fundi necesse non est stare colono cui prior dominus locavit*, dit la loi romaine. Que porte l'art. 1743 ? *L'acquéreur ne peut expulser le fermier ou locataire ;* ce qu'on traduirait ainsi : *Emptorem quidem fundi necesse est stare colono cui prior dominus locavit!* On voit que le sens est opposé, et la forme est identique. Les deux législateurs semblent également s'adresser à l'acquéreur : la loi romaine lui dit qu'il est autorisé à expulser le preneur, *parce qu'il n'est pas obligé envers lui ;* la loi française lui défend d'expulser le preneur, sans doute *parce qu'elle entend qu'il soit obligé envers lui.*

La loi romaine ajoutait : *nisi eâ lege emit.* Elle autorisait la convention que l'acquéreur ne pourra expulser le fermier; de même, et en sens inverse, notre législation autorise le bailleur et le preneur à convenir *qu'en cas d'aliénation, celui-ci pourra être expulsé.*

Il résulte de là que, dans quelque situation que nous nous placions, nous nous trouverons toujours en présence de la loi romaine. Dans le cas de l'exception de l'art. 1743, l'acquéreur pourra expulser le fermier. C'était la règle en droit romain; or, le droit du fermier était personnel; pourquoi serait-il autre chez nous ? — Veut-on admettre que l'acquéreur ne pourra expulser le fermier ? C'est la règle du Code civil, c'était l'exception du droit romain; or, en droit romain, le fermier protégé par la *loi des parties* (*nisi eâ lege emit*)

n'avait pas pour cela un droit réel ; pourquoi la circonstance qu'il est protégé maintenant par la loi émanée de la puissance publique, transformerait-elle son droit ?

Aussi la question qui s'agite à l'occasion de cette phrase : *l'acquéreur ne peut expulser le fermier, emptor tenetur stare colono*, n'eût certainement pas pris naissance au temps des Paul et des Papinien. Que l'acquéreur, auraient-ils dit, soit tenu de respecter le bail par la volonté de son vendeur, ou par celle de la loi ; qu'importe à la nature du droit du preneur ? Ne serait-ce pas une chose singulière qu'une obligation imposée à l'acheteur, *emptor tenetur stare colono,* eût la puissance de créer un droit réel ?

Cette opinion est justifiée par la loi 50 ff. *de jure fisci.* En effet, sur le conseil de Papinien, l'empereur Antonin Caracalla rendit un rescrit portant que l'acquéreur du fisc serait tenu, sans clause expresse, de maintenir le bail de la chose aliénée, *atque si hoc ipsum in emendo convenisset.* Pour que l'acquéreur ne pût expulser le colon, il ne parut pas nécessaire de donner à celui-ci un droit réel : la subrogation fut considérée comme suffisante.

Paul, qui rapporte cette décision, la note comme une opinion nouvelle, *Papinianus et Messius novam sententiam induxerunt ;* mais il ne la critique pas. Pourquoi, dira-t-on, si elle n'est pas une décision de faveur, contraire aux principes, pourquoi n'en ont-ils pas fait une règle générale ? C'est que l'utilité publique ne leur paraissait pas exiger qu'ils lui donnassent plus d'étendue. La position précaire du colon n'avait pas encore éveillé l'attention publique ; la responsabilité du bailleur était considérée comme une garantie suffisante ;

la prospérité de l'agriculture ne semblait pas exiger autre chose.

Mais l'intérêt du fisc est trop étroitement lié à l'intérêt général, pour que les esprits ne fussent pas, dans tous les temps, frappés de cette intime liaison ; l'utilité publique a toujours commandé que les finances soient administrées le mieux possible, afin qu'elles suffisent à tous les besoins et que les impôts ne soient pas trop onéreux.

Dès lors on ne doit pas s'étonner que Papinien et Messius aient fait une règle nouvelle pour le fisc, et qu'ils aient interdit à l'acquéreur des biens de l'État le droit d'expulser le fermier, afin de prévenir un recours nuisible aux intérêts du trésor : *ne fiscus colono teneretur, quod ei frui non licuisset.* Exception d'autant plus raisonnable que le fisc ne peut, comme un simple particulier, agir par lui-même, obligé qu'il est de confier ses intérêts à une multitude d'agents, ordinairement peu soigneux et peu éclairés, quelquefois prévaricateurs.

Cependant cette subrogation tacite que Paul ne désapprouve pas, que Papinien et Messius eussent rendue générale s'ils eussent pensé que le bien de la société le demandât, cette subrogation déplait à M. Troplong. « Quoi de plus contraire, dit-il, à la vérité des faits et » à la nature du contrat de bail en droit romain, que » cette supposition gratuite? »

Contraire à la vérité des faits ! M Troplong y a-t-il bien réfléchi? Ne reconnait-il pas (n° 479) que la clause expresse de respecter le bail était assez fréquente ; que Caïus la conseillait aux vendeurs? Il suffit d'ailleurs de lire la loi 31, § 20, ff. *de ædilitio edicto*, pour être convaincu qu'au contraire la supposition d'une subrogation est en harmonie parfaite avec les faits et les usages. Cette loi est ainsi conçue : « *Quia assidua est duplæ stipula-* » *tio, idcircò placuit etiam ex empto agi posse, si du-* » *plam venditor mancipii non caveat : ea enim quæ sunt* » *moris et consuetudinis in bonæ fidei judiciis debent* » *venire.* »

Contraire à la nature du contrat de bail! Comment une clause qu'il est loisible aux parties contractantes de placer *expressément* dans le contrat de vente, sans blesser la nature du contrat de *bail*, devient-elle *contraire à la nature du contrat de bail*, parce qu'elle est sous-entendue dans le contrat de *vente?* Est-ce que l'empereur ne pourra pas établir, par forme de disposition légale, ce qui était entre particuliers l'objet habituel et régulier d'une convention ?

M. Troplong appuie sa critique sur l'autorité de Cujas. Trois fois il cite ces expressions *nova et inaudita sententia*, qui se trouvent dans son commentaire sur la loi 50 *de jure fisci*, mais qu'il avait en grande partie empruntées à la loi elle-même; il les cite comme contenant la censure de la décision. Eh bien! cette décision, Cujas l'approuve.

On va juger par les citations qui suivent si j'ai bien compris M. Troplong, et si lui-même a bien entendu Cujas.

Voici le passage de M. Troplong :

« Elle (la loi) contient une décision de l'empereur An- » tonin Caracalla sur un cas privilégié, et cette déci- » sion, quoique rendue d'après le conseil de Papinien, » n'était, au jugement de Cujas, qu'un acte de faveur » au profit du fisc, *nova et inaudita sententia*..... Mais » quoi de plus contraire à la vérité des faits et à la na- » ture du contrat de bail en droit romain, que cette » supposition gratuite? Aussi Cujas dit-il que l'empe-

» reur adoptant cette invention de Papinien (et en note » *Papinianus hanc novam sententiam excogitavit*), ne » fit qu'agir dans un esprit de faveur pour son propre » fisc, *et ità fisco suo favit.* » N° 11.

Ailleurs :

« J'ai expliqué ci-dessus les motifs de cette loi toute » d'exception et appelée par Cujas *nova et inaudita sen-* » *tentia.* » N° 480.

Maintenant examinons le texte de Cujas.

« Et expulsus colonus ageret in fiscum ex conducto, » quanti interest frui conductione prædiorum; sed ut » eo nomine fiscus teneretur colono ex conducto, exo- » nerandi fisci causâ hanc novam sententiam Papinia- » nus, *qui et multa alia in jure invenit pro ingenio et* » *eruditione suâ, multumque jus civile locupletavit*, » Papinianus, inquam, et Messius cui non fuit pudori » esse assessorem Papiniani, hanc novam sententiam » excogitârunt, quâ darent fisco tacitam conventionem » non expellendi coloni. Et *quamvis hæc nova et inau-* » *dita sententia esset*, tamen Antoninus Caracalla im- » perator, apud quem hæc causa agitabatur, secundum » eam sententiam pronunciavit, et ità favit fisco suo. »

Le sentiment de réprobation que M. Troplong prête à Cujas, le trouve-t-on dans ce passage? Cujas louant Papinien de cette innovation, parlerait-il autrement? Est-ce la critiquer que de la mettre sur la même ligne que les nombreuses innovations de Papinien dont il le glorifie, *multa alia in jure invenit, multumque jus civile locupletavit.* Et ces expressions : *hæc nova et inaudita sententia*, renferment-elles le blâme que croit y voir M. Troplong? Elles ont au contraire le caractère de la louange, comme ce qui précède; car elles indiquent que cette opinion paraît si raisonnable, que, malgré sa nouveauté, le jugement l'adopte.

Après avoir montré ce que la forme de l'art. 1743 fournit d'arguments favorables à la doctrine que je cherche à établir, voyons en peu de mots ce qu'expriment les restrictions de ce même article.

Pourquoi M. Troplong veut-il transformer le droit du preneur? Parce que la législation nouvelle refuse à l'acquéreur le droit de l'expulser, qu'il avait précédemment. Si cette défense est la cause unique de cette transformation, cette cause ne peut agir que là où elle existe. Il n'y aura donc pas droit réel, là où l'acquéreur pourra expulser le preneur, ce qui arrivera dans deux cas :

1° Lorsque la réserve aura été stipulée dans le bail ;

2° En matière de bail de meubles ; car l'art. 1743 ne s'occupe que du bail des immeubles.

Ainsi, le contrat de bail sera soumis à l'empire de deux principes contraires. Le droit réel naîtra des baux d'immeubles faits sans réserve ; il n'y aura qu'un droit personnel dans les baux de meubles, et même dans les baux d'immeubles faits avec la réserve du droit d'expulser.

Ce résultat bizarre ne suffirait-il pas à lui seul pour faire rejeter le système de M. Troplong?

Une dernière considération favorable au droit personnel se tire du caractère synallagmatique du contrat de louage. Le preneur qui acquiert un droit de jouissance, s'impose l'obligation de le payer. Lorsqu'il y a aliénation, si l'acquéreur ne peut expulser le fermier, il a le droit de percevoir le prix du bail ; mais ce droit, qui ne peut être qu'une créance, il ne l'a que comme subrogé tacitement à son vendeur ; n'est-il pas dès lors raisonnable d'admettre que la subrogation tacite qui transmet le droit transmet l'obligation corrélative.

Qu'on n'objecte pas que, dans le bail à rente, l'obligation de payer la redevance était une charge qui grevait un droit réel et en était inséparable, et qu'il en est de même du bail sous l'empire de l'article 1743; car la comparaison ne serait exacte qu'autant que l'on admettrait que le preneur a le droit de délaisser, et M. Troplong lui refuse cette faculté (n° 24). M. Troplong, par respect pour les principes, ne veut pas que l'acquéreur soit *obligé* de maintenir un bail qu'il n'a pas consenti; il repousse la subrogation tacite comme contraire à la nature du bail; il ne trouve d'autre moyen de le lui faire respecter, qu'en donnant au preneur un droit réel: et M. Troplong est amené à concéder, non-seulement à un acquéreur particulier, mais, chose remarquable, à un simple tiers détenteur, la subrogation tacite à la créance du bailleur!

Troisième proposition. Nécessité du droit personnel. Une des règles les plus usuelles de l'interprétation ne permet pas de supposer au législateur des vues contradictoires. C'est à peine si l'on doit se rendre à l'évidence qui les révèle. Sans doute, la sagesse du législateur n'est pas infaillible; mais il ne faut pas la tenir en état de suspicion et la placer au-dessous de celle des intelligences vulgaires. Si donc, des deux opinions émises sur l'art. 1743, l'une accuse l'absence de plan dans le titre du louage, et met en opposition les différentes dispositions qui le composent, on doit la repousser, pour accueillir celle qui trouve à une nouvelle règle sa place dans l'économie générale du titre, sans altérer l'unité qui relie ses différentes parties.

Il nous sera facile de démontrer que ce dernier résultat ne peut être obtenu qu'en admettant le droit personnel, et que l'introduction du droit réel détruit l'harmonie des différentes dispositions de la loi. Pour mettre cette vérité dans tout son jour, il est indispensable de se faire une idée exacte de l'un et de l'autre droit.

Les droits sont composés de deux ou de trois éléments, selon leur nature. Il suffit aux uns d'une personne au profit de qui le droit existe, et d'une chose, objet du droit. Pour les autres, il faut, outre ces deux éléments, une seconde personne par l'intermédiaire de laquelle la première atteint la chose qui est l'objet du droit, ou sur laquelle il s'exerce.

Dans le premier cas, on dit que les droits sont réels; dans le second, qu'ils sont personnels.

Le droit réel ne subsiste que par la chose qui en est l'objet. Le droit personnel repose en outre sur une obligation corrélative.

Le droit réel donne sur les choses, mais dans certaines limites, un pouvoir de même nature que celui que chacun a sur soi-même, pouvoir que les autres doivent respecter et qui ne dérive point d'eux. Il est l'affirmation de notre pouvoir sur l'objet du droit, *in re potestas plena*, s'il s'agit de la propriété; *pro parte*, s'il est question de tout autre droit réel.

Le droit personnel implique au contraire la négation de notre pouvoir, *nulla in re potestas*, relativement à ce qui est l'objet du droit; en effet, il tend à faire obtenir, et l'on n'obtient que ce qu'on n'a pas.

Dans le droit réel nous arrivons à l'objet directement, *incidimus in eum;* aucun intermédiaire ne se place entre lui et nous. Dans le droit personnel, nous n'arrivons à l'objet que par un intermédiaire, qui souvent, sans laisser échapper la moindre parcelle de son droit, nous met à sa place pour l'exercer et en recueillir les avantages. Nous n'avons qu'un pouvoir d'emprunt.

La relation qui, lorsque le droit personnel existe, est établie forcément entre deux personnes, prend le nom d'obligation, et les personnes reçoivent la qualification de créancier et de débiteur. Toutes les fois qu'on trouve à qui appliquer les noms de créancier et de débiteur, le droit est nécessairement personnel.

Dans le cas contraire, il est réel. En effet, celui qui a un droit de cette nature, est seul en présence de l'objet de son droit; l'obligation qui sert de base au droit personnel, manque. La base et l'objet, séparés dans le droit personnel, se confondent dans le droit réel. On ne peut concevoir une créance sans créancier ou sans débiteur; il faut à une relation les deux termes qui la constituent. Réciproquement, il est impossible de découvrir, dans un droit réel, la relation de créancier et de débiteur.

La barrière qui sépare ces deux droits est infranchissable; ils resteront toujours distincts; jamais ils ne se confondront, jamais ils ne se rapprocheront.

Cependant on a essayé de nos jours de refaire la nature de ces droits. On leur donne une base commune, *l'obligation*, dont l'étendue détermine la nature du droit. Lorsque l'obligation sera universelle, le droit sera réel; lorsqu'elle sera particulière, le droit sera personnel.

Pour fonder ce système, on fait remarquer que chacun est tenu de respecter les droits d'autrui; d'où on conclut que tout droit est accompagné d'obligations, que c'est dans l'étendue de l'obligation qu'il faut rechercher la nature des droits.

On ne serait point tombé dans cette erreur, si l'on eût

distingué les obligations *constitutives* du droit, de celles qui ne sont que des obligations *protectrices* et que j'appellerai volontiers *sanctionnatrices*. Ces dernières s'étendent au droit personnel, comme au droit réel, car chacun est en effet obligé de respecter les droits des autres, quels qu'ils soient. Mais ces obligations viennent à la suite du droit pour le protéger, elles n'en sont pas la base et la cause. Par exemple, Pierre me doit 1,000 fr.; son obligation est la base et la cause de mon droit; elle le constitue. Mais si je suis propriétaire d'un cheval, *plena in re potestas*, cette puissance est indépendante de toute obligation qui en soit la base, la cause, en un mot, qui la constitue. L'obligation de respecter mon droit n'en est qu'une dépendance. Un rapprochement rendra ceci plus sensible.

Chacun apporte, en naissant, un droit à la vie, à la liberté, à la sûreté. Assurément ce droit découle de notre nature, et n'a pas sa base dans une obligation corrélative. Ce n'est pas parce qu'on est obligé de le respecter qu'il existe, mais c'est parce qu'il existe qu'il faut le respecter.

L'obligation de respecter un droit, étrangère à son origine, lui est donc logiquement postérieure. Il en est autrement de l'obligation corrélative au droit personnel, comme elle en est la cause et l'effet, elle a avec lui une origine simultanée.

La théorie nouvelle, adoptée par M. Troplong, ne peut donc soutenir un examen sérieux.

Recherchons maintenant quels sont, des caractères de la personnalité ou de la réalité, ceux qui conviennent au droit du preneur.

Ce droit est-il corrélatif à une obligation? En est-il

indépendant? Personnel dans le premier cas, il sera réel dans le second.

Il suffit d'ouvrir le Code au titre du louage, pour voir, de tous côtés, surgir une obligation corrélative; les articles se pressent pour indiquer la présence d'un débiteur ou d'un créancier. C'est d'abord l'art. 1709 qui, en donnant la définition du louage, nous révèle la nature des droits qui naissent de ce contrat. Il porte que *le louage des choses est un contrat par lequel l'une des parties s'oblige à faire jouir l'autre d'une chose*. C'est l'art. 1719 dont l'objet est d'énumérer les obligations du bailleur et qui porte que *le bailleur est obligé de faire jouir paisiblement pendant la durée du bail*.

Le preneur est donc bien certainement *créancier* de l'obligation imposée au bailleur de le faire jouir.

Si son *droit* consiste dans *la jouissance*, si *l'obligation* du bailleur est de *le faire jouir*, l'obligation est nécessairement corrélative au droit; le droit est donc personnel.

Puisque ces articles imposent au bailleur l'obligation de faire jouir le preneur, c'est qu'il n'a pas par lui-même le droit de jouir; autrement on ne permettrait pas à celui qui aurait reçu, de réclamer de celui qui aurait transmis. Comment d'ailleurs celui qui aurait cédé son droit, qui en serait dépouillé, pourrait-il encore en faire jouir le cessionnaire?

Enfin, une obligation corrélative se révèle dans une foule d'autres dispositions qui énumèrent les différentes conséquences de l'obligation de faire jouir; tels sont les art. 1720, 1724, 1726, 1769 et 1773.

Ce droit personnel, si expressément maintenu, serait-il donc anéanti par l'art. 1743 seul? Dans notre opinion, cet article, loin de détruire la personnalité, est un auxiliaire des dispositions qui la consacrent, en faisant passer, par la subrogation, les obligations du bailleur à son acquéreur. Au mérite de tout concilier, cette interprétation joint celui de n'imposer à cet article ni extension ni limitation : la subrogation lui donne tout l'effet que comporte sa rédaction, et elle atteint le but en vue duquel il a été fait.

Ces avantages disparaissent dans l'autre système : le droit réel produit la confusion. Deux principes contradictoires se trouvent en présence; et, quelque parti qu'on prenne, il y a désordre, soit qu'on les maintienne l'un et l'autre, soit qu'on enseigne avec M. Troplong (n° 12) que « les mots *faire jouir* de l'art. 1709 ont au» jourd'hui une signification beaucoup plus large, » et qu'on parvienne ainsi à modifier les dispositions qui proclament l'existence du droit personnel, à les assouplir assez pour qu'elles s'interprètent en faveur du droit réel.

En outre, le système du droit réel fait donner à l'article 1743 un sens plus étendu que ne le comporte sa rédaction; il ne s'occupe que des acquéreurs, et cependant l'on voudrait qu'il accordât au preneur la revendication, même contre les tiers détenteurs qui ne seraient pas acquéreurs.

Sous tous les rapports, on aperçoit donc la nécessité morale du droit personnel, l'impossibilité du droit réel; il est moralement impossible qu'ayant le choix entre deux systèmes, le législateur ait repoussé le plus simple, le plus naturel, celui qui concilie tout, pour donner la préférence à celui qui le met en contradiction avec lui-même.

Aussi le droit réel était si loin de sa pensée, que la trace ne s'en montre nulle part; et, à l'exception de l'article 1743, ses partisans ne peuvent citer aucun texte dont il ait inspiré la rédaction. Aucun de ses effets n'est consacré.

Ainsi : 1° le preneur ne peut délaisser ; M. Troplong le reconnaît ;

2° Il ne supporte pas la diminution de jouissance résultant des détériorations ; l'art. 1722 en rend le bailleur responsable ;

3° Il ne supporte pas la perte des fruits, arrivée par cas fortuit (art. 1769 et suivants) ;

4° Il n'est pas tenu des dépenses d'entretien. L'article 1719, n° 3, les met à la charge du bailleur ;

5° Enfin, l'art. 1743 lui-même ne lui donne pas le droit de suite contre les tiers.

Et ce serait ce droit dont l'existence est insaisissable, que le législateur aurait voulu mettre à la place du droit personnel dont la présence se fait sentir partout !

En effet, la personnalité expressément consacrée, comme nous l'avons vu par les art. 1709 et 1719 n° 3, se montre partout dans ses conséquences ; notamment elle oblige le bailleur :

1° A entretenir la chose louée (art. 1719, n° 2) ;

2° A garantir les cas fortuits qui détruisent les fruits (art. 1769 et suivants) ;

3° A souffrir une diminution de prix pour défaut de jouissance partielle, occasionnée par des détériorations.

Ce sont encore des effets de la personnalité :

1° Que le preneur ne puisse délaisser ;

2° Qu'il ait action seulement contre les acquéreurs, aux termes de l'art. 1743, et non contre les tiers détenteurs qui ne sont pas acquéreurs.

M. Troplong traite de la nature du droit du preneur en deux endroits de son Commentaire du titre du louage; d'abord sous l'article 1709, ensuite sous l'article 1743.

Dans les développements de la première disposition, il a essayé d'appuyer sa théorie sur le texte même de la seconde. Selon lui, l'article 1743 l'a consacrée, en attachant au bail cet effet nouveau : la faculté pour l'acquéreur d'expulser le fermier ou le locataire. On peut dire que c'est la partie dialectique de son travail.

Les considérations historiques qu'il présente dans le commentaire de l'article 1743 n'ont pour objet que de corroborer un système qui trouve dans cette disposition *un fondement inébranlable*, selon les expressions de l'auteur. N° 8.

Nous allons examiner le parti qu'il tire de la rédaction de l'article 1743.

La conclusion que le droit du preneur est réel, est déduite de ces deux propositions :

1° La suite est un caractère propre au droit réel;

2° Le droit du preneur a ce caractère.

Je ne pense pas qu'on puisse trouver autre chose dans les passages où est exposé tout le système de l'auteur.

« Autrefois, dit-il, on considérait les baux au-dessus » de neuf ans comme baux à long terme, et ils conféraient *un droit réel immobilier*. C'était un point de » jurisprudence constant. *Nous verrons tout à l'heure » qu'il en est de même aujourd'hui de tous les baux, quelle » que soit leur durée.*

» Mais l'ancienne jurisprudence n'allait pas jusque-là » pour les baux au-dessous de neuf ans ; elle n'attribuait » au preneur aucun *jus in re*; le contrat de louage n'engendrait entre le bailleur et lui qu'un simple rapport » personnel. Pour savoir s'il doit en être de même au-

» jourd'hui, il est nécessaire que nous commencions » par nous fixer sur la nature du droit de jouissance » que le bail procure au preneur. Ce point est très- » important et doit soigneusement occuper nos médi- » tations. Et d'abord nous ferons remarquer que le bail » ne crée pas au profit du preneur un de ces démembre- » ments de la chose, qui, comme l'usufruit, l'usage, la » servitude, appauvrissent le propriétaire, et lui enlèvent » une portion importante du plein domaine de la chose. » Le bail est au contraire pour le maître un moyen de » tirer parti de l'immeuble, tout en conservant la sub- » stance; c'est une manière de le mettre en rapport et » d'en retirer les fruits. Quand un individu passe un bail » de son héritage il n'est personne qui s'imagine qu'il » fractionne et amoindrit son droit de propriété......... » La raison en est que, le fermier n'a qu'une possession » d'emprunt, et que même dans le droit qui lui est at- » tribué, il reconnaît qu'il n'est pour ainsi dire qu'un » procureur jouissant pour le maître, cultivant pour lui et » percevant les fruits pour les partager dans la juste me- » sure qui appartient d'une part au travail et de l'autre » au droit prééminent de propriété. J'accorde qu'il pos- » sède, mais il ne possède pas, *animo domini;* il est do- » miné par la pensée du droit d'autrui qui s'attache à » tous ses actes et les pénètre d'un élément de préca- » rité. » N° 4.

Mais l'auteur reconnaît ensuite que le bail impose une sorte de restriction au droit d'user et d'abuser du propriétaire; que cette limitation du droit de propriété est une charge; que bien que ce soit une charge productive, elle impose au maître une privation qui peut devenir accidentellement gênante, et il continue en ces termes: « C'est là un empêchement que le propriétaire doit né-

» cessairement subir ; empêchement *qui affecte la chose* » et qui, *la suivant en quelques mains qu'elle passe,* » *semble* constituer, d'après le droit nouveau, *un droit* » *réel* pour le fermier, c'est-à-dire un droit absolu, et » non pas seulement un rapport particulier entre le bail- » leur et le preneur. » N° 5.

On lit enfin, au n° 6 :

« Il est vrai que ce mode d'exploitation attribue un » droit au bailliste qui en est l'agent ; à savoir d'en » rester détenteur pendant toute la durée du bail et de » conduire à fin l'exploitation convenue. D'où il suit que » son industrie et son occupation *accompagnent l'im-* » *meuble en quelques mains qu'il passe*, et que les *tiers* » sont tenus de plein droit de prendre la chose avec ce » procédé particulier de mise en rapport. Voilà pourquoi » j'ai cru pouvoir avancer que le droit du bailliste *est un* » *droit réel*, car le droit réel est défini par les docteurs » *facultas hominis in rem competens sine respectu ad* » *certam personam*. Tout droit absolu est un droit réel, » et celui dont nous parlons a ce caractère. » N° 6.

Le premier de ces trois passages sert d'introduction aux deux autres. Il annonce la conclusion qui est que tous les baux d'immeubles, quelle que soit leur durée, confèrent un droit réel immobilier ; et cependant ce droit réel immobilier « *ne crée pas un de ces démembrements* » *de la propriété qui, comme l'usufruit, etc., appauvris-* » *sent le propriétaire. En baillant on ne fractionne et* » *n'amoindrit pas son droit de propriété.* »

Le locataire *ne possède pas animo domini ; la pensée du droit d'autrui pénètre tous ses actes d'un élément de précarité ;* aussi « le fermier a beau s'exalter sur la na- » ture de son droit, son sort est lié à celui du proprié- » taire ; il travaille pour lui mettre son revenu dans la

» main ; il est son intermédiaire entre sa terre et lui ; il » est son ouvrier de même que le locataire est son collec- » teur. » N° 4 *in fine*.

Il y aurait de quoi désoler un logicien ordinaire à qui on imposerait la tâche d'arriver à la démonstration de l'existence du droit réel, en partant de ces propositions.

Quoi, dirait-il, en donnant à bail, le propriétaire *ne fractionne et n'amoindrit pas son droit de propriété !*

Et on veut que je prouve que le preneur a un droit réel immobilier !

Le locataire *n'a qu'une possession d'emprunt*, *ne possède pas animo domini* ; il n'est pour ainsi dire qu'un *procureur jouissant pour le maître ; il est dominé par la pensée du droit d'autrui qui s'attache à tous ses actes et les pénètre d'un élément de précarité.*

Et on me condamne à démontrer qu'il a un droit réel immobilier ! Et comme pour accroître la difficulté de la tâche, on le compare à l'usufruitier qui, mieux partagé, *possède un démembrement distinct de la chose*, qui *la possède comme maître et non pour autrui*, qui peut, lui, *s'exalter sur la nature de son droit*, et *dans sa sphère, braver le nu propriétaire, se poser en rival et lui dire : je ne vous dois rien*. N. 4.

Mais ce sont là de petits obstacles qui n'arrêtent pas un instant la marche de M Troplong, ainsi que nous l'apprennent les deux dernières citations.

Qu'importe, en effet, la possession d'emprunt, la précarité, la qualité de procureur, d'ouvrier, attribuée au fermier, et celle de collecteur donnée au locataire de maison ; qu'importe tout cela, du moment que le bail produit un empêchement *qui affecte la chose et la suit en quelque endroit qu'elle passe*, ou en d'autres termes, du moment que *l'industrie du bailliste et son occupation accompagnent l'immeuble en quelques mains qu'il passe, et que les tiers sont tenus de plein droit de prendre la chose avec le procédé particulier de mise en rapport.* Cela ne suffit-il pas pour conclure que cet empêchement SEMBLE *constituer un droit réel;* ou plus affirmativement, que *le droit de bailliste est un droit réel, car tout droit absolu est un droit réel, et celui du preneur a ce caractère.* En effet « pouvons-nous faire, dit plus loin l'au» teur, n. 7, qu'un droit que les deux tiers sont obligés » de respecter, ne soit pas un droit absolu, ou en d'au» tres termes un droit réel ?»

On voit que M. Troplong déduit sa conclusion, sans se mettre en peine de prouver la vérité des prémisses auxquelles elle se rattache, tant, probablement, leur évidence lui a paru frappante. Cependant la circonstance que les savants auteurs qu'il essaye de réfuter, après avoir pesé l'importance du changement introduit par l'art. 1743, ont néanmoins persisté dans l'ancienne doctrine, aurait dû faire naître quelque scrupule dans son esprit, et l'engager à sonder un peu le terrain sur lequel il voulait élever son nouvel édifice.

Mais sa confiance dans *ses assertions*, n° 8, paraît si entière, qu'après l'exposé que nous venons de rapporter, il procède comme s'il avait complétement rempli sa tâche, comme s'il n'avait plus rien à prouver.

Il passe, en effet, immédiatement à la réfutation des arguments de ses adversaires. Voyons, dit-il, n° 9, les principales objections.

Accoutumé à juger les allégations des auteurs par la force de leurs raisons, nous prendrons la liberté de soumettre à un examen scrupuleux la doctrine de M. Troplong. Présentons-la d'abord sous la forme rigoureuse d'un syllogisme.

Le droit de suite, selon lui, est un caractère distinctif du droit réel.

Or le droit du preneur qui affecte la chose, qui la suit en quelque main qu'elle passe, *est armé du droit de suite*. N. 13.

Donc le droit est réel.

La conclusion est légitimement déduite; le droit du preneur est effectivement réel, si les prémisses sont vraies.

Le sont elles?

Est-il vrai que la suite soit un caractère distinctif du droit réel?

Est-il vrai que le preneur jouisse du droit de suite?

Demander si la suite est un caractère distinctif du droit réel, c'est demander si jamais elle n'est unie au droit personnel.

Si elle s'attache quelquefois à celui-ci, elle ne peut servir à reconnaître l'autre : tout au plus, elle sera une présomption en faveur de la réalité, puisqu'elle en est le caractère habituel, tandis qu'elle n'est attachée que par accident au droit personnel.

Ce caractère accidentel du droit personnel était assez fréquent dans la législation romaine : on le trouvait notamment dans les droits qui donnaient naissance aux actions *quod metus causâ*, et *ad exhibendum*, et aux *actions noxales*.

Chez nous, nous le rencontrons également dans les droits qu'on exerce par les actions de bornage et de partage d'une chose commune.

L'action *ad exhibendum* est donnée précisément contre les mêmes personnes qui seraient tenues de l'action en revendication, c'est-à-dire, de l'action propre au droit réel; elles sont accordées l'une et l'autre contre tout tiers détenteur, ou contre quiconque a, par dol, cessé de posséder, *adversùs possidentem et adversùs eum qui dolo desiit possidere.*

Le droit, objet de l'action *ad exhibendum*, sera donc réel comme l'est celui qui est l'objet de la revendication, puisque l'un et l'autre *est armé du droit de suite!* (N° 13.)

Et les actions noxales pour lesquelles a été faite la rège l*noxa caput sequitur*, auront donc aussi pour objet des droits réels!

Le droit de poursuivre la condamnation à une peine pour vol, rapt, injure, dommage, est un droit réel!

Cela répugne à la science, à la raison; et cependant M. Troplong s'est mis dans la nécessité d'admettre ces diverses conséquences. « Qu'est-ce en effet, dit-il, qu'un » droit qui de la personne rejaillit sur la chose par une » affectation directe et incessante, qui suit cette chose » de main en main, qui survit aux aliénations et aux » changements de propriétaires, est-ce un inconnu dans » la jurisprudence? Non, *les jurisconsultes de tous les* » *temps* l'ont nommé un droit réel? » N° 491.

M. Troplong est assurément un écrivain doué d'une imagination brillante, un savant magistrat, un homme de talent; mais je ne puis me défendre de la pensée, qu'en cette circonstance il a consulté un peu légèrement *les jurisconsultes de tous les temps*, et en particulier les jurisconsultes romains. Ceux-ci, en effet, professent sans scrupule que quelques droits personnels sont *armés du droit de suite*, et, par cette raison, ils se gardent de prendre ce caractère comme servant à distinguer la réalité de la personnalité.

Mais si la suite n'est pas l'indice certain de la réalité, que devient la conclusion de l'auteur, fondée en partie sur cette supposition? Que devient-elle surtout, si l'autre proposition : que la suite est attachée au droit du preneur, est également fausse ?

Elle reste évidemment sans base. Voyons donc s'il est vrai que le preneur a le droit de suite. La démonstration qu'il ne l'a point, produira des conséquences encore plus importantes que celles que nous avons déjà vu résulter de l'erreur que nous avons signalée. En effet, prendre pour signe distinctif d'une spécialité ce qui est un caractère commun à plusieurs choses c'est mal raisonner; mais il est possible que la spécialité existe, et que la classification qui la comprend soit bonne. Si, au contraire, l'élément distinctif ne se trouve point réellement là, où on a cru l'apercevoir, il est parfaitement certain qu'il ne peut servir à caractériser une espèce.

En revenant à l'objet de la discussion, si la suite n'est pas attachée au droit du preneur, la conclusion que son droit est réel est nécessairement vicieuse.

Avoir le droit de suivre la chose seulement des mains d'une personne dans celles de son représentant, successeur universel ou particulier, ce n'est pas avoir le droit de suite. Ce droit existe, lorsqu'il accompagne la chose entre les mains d'un tiers détenteur quelconque.

Ce n'est pas assez que celui à qui le droit appartient puisse dire : vous êtes le *représentant* d'un tel, reconnaissez mon droit; il faut qu'il puisse interpeller ainsi tout possesseur : vous *détenez*, reconnaissez mon droit.

Eh bien ! quelle est de ces deux interpellations celle que peut adresser le preneur, d'après l'article 1743? Peut-il dire au premier venu : vous détenez, reconnaissez mon droit? Non. Il ne lui est permis que de s'adresser à l'*ac-*

quéreur, en ces termes : vous êtes acquéreur de mon bailleur ; comme tel, *vous ne pouvez m'expulser*.

Un peu de réflexion empêche de confondre les acquéreurs avec les tiers détenteurs ; cependant M. Troplong fait continuellement cette confusion.

Ce n'est pas qu'un acquéreur ne reçoive très-convenablement la qualification de tiers détenteur, toutes les fois qu'on a intérêt à ne voir en lui qu'un possesseur ; on fait alors abstraction de sa qualité de successeur.

Mais il n'est pas possible de procéder ainsi, lorsqu'il s'agit précisément de savoir si, dans l'expression *acquéreur*, employée par l'article 1743, c'est la qualité de successeur qui domine, ou celle de tiers détenteur.

Pour nous qui, encore une fois, ne pouvons accepter, comme des vérités, des assertions non prouvées, nous nous sommes efforcés d'établir dans la première partie de ce travail, que le législateur a entendu, en employant le mot *acquéreur*, désigner le successeur et non le tiers détenteur ; qu'il n'a pas voulu qu'un acquéreur pût se prévaloir de la rigueur des principes pour user, contre le locataire, d'un droit interdit à son auteur ; qu'il lui a défendu, en raison de sa qualité de successeur, ce qu'il aurait pu faire comme détenteur. Nous croyons avoir démontré que le frein que la qualité de successeur universel impose naturellement au détenteur héritier, celle de successeur particulier l'impose en cette matière au détenteur acquéreur ; que la subrogation aux obligations est commune à l'un et à l'autre.

Le preneur ne jouit donc pas du droit de suite.

Ainsi s'écroulent, l'une après l'autre, les deux bases sur lesquelles M. Troplong avait fondé son système.

Ainsi disparaissent devant une discussion approfondie des assertions qui, nous ne pouvons trop le répéter, ne sont pas justifiées ; quoique leur auteur ait avancé *qu'elles n'ont rien de téméraire*, *et qu'elles trouvent dans l'article* 1743 *un fondement inébranlable.* N° 8.

En parlant de l'opinion que nous venons de soutenir, M. Troplong a dit que : « toute respectable » qu'elle est par l'unanimité de ses défenseurs, elle » pourrait bien après tout n'être qu'un débris de l'an» cienne jurisprudence, et un préjugé dont proba» blement la science finira tôt ou tard par se débar» rasser. » N° 20.

A notre tour qu'il nous soit permis de penser que le système de M. Troplong, tout respectable qu'il est, par le talent et l'autorité de celui qui le présente, pourrait bien après tout n'être qu'un innovation hasardée, une opinion peu réfléchie, dont probablement la science ne sera pas longtemps embarrassée.

Occupons-nous maintenant de quelques-unes des réfutations que M. Troplong oppose aux arguments de MM. Proudhon, Duranton et Duvergier.

Ces deux derniers, auxquels on peut joindre M. Toullier, en soutenant que le législateur moderne n'a pas prétendu changer les anciens principes, ne font pas assez nettement sentir comment la disposition de l'article 1743 se concilie avec eux. Ils semblent un peu trop concéder que cet article contient une sorte d'emprunt fait à la réalité ; en ajoutant, d'ailleurs, que cette anomalie, comme beaucoup d'autres, se justifie par de graves motifs. C'est ainsi que souvent quelques effets sont détachés de leur principe, quand le bien public l'exige, *utilitatis causâ receptum est.* Mais cette concession, dont se prévaut M. Troplong, n°s 13 et 14, n'est qu'apparente, surtout pour M. Duranton et M. Duvergier. Le premier ne s'explique pas sur le principe auquel se rattache la disposition de l'article 1743; il se contente d'inférer des circonstances qui ont provoqué son introduction, qu'elle est une exception et qu'elle ne porte pas atteinte à la nature ancienne du droit du preneur. M. Duvergier invoque ces mêmes circonstances dans le même but, mais il paraît, au premier coup d'œil, pousser plus loin la condescendance pour les partisans de la réalité. « On ne doit pas, dit-il, page 284, tome Ier, » de ce qu'une *espèce de réalité* est en effet attribuée » au droit du preneur, lorsqu'il se trouve *en contact* » *avec l'acheteur* de la chose louée, conclure que ce droit » est véritablement et absolument un droit réel. » Mais on aurait tort de penser que M. Duvergier reconnaisse rien de réel dans la disposition contenue dans l'article 1743. Veut-on savoir ce qu'il exige pour qu'une réalité véritable et non apparente existe, voici comment il s'exprime : « Il est très-vrai que les droits réels se re» connaissent à ce signe, qu'ils sont absolus, c'est-à-dire » qu'ils peuvent s'exercer contre tous, *même contre ceux* » *qui n'ont pas concouru aux actes desquels ils dérivent*, » page 282, tome Ier. Quels sont ces derniers ? Ce sont, non-seulement les acquéreurs, mais tous les tiers détenteurs. Or, dans quels cas M. Duvergier reconnaît-il *une espèce de réalité* dans le droit du preneur, est-ce quand le preneur est en contact avec le tiers détenteur ? Non, ce n'est que quand il est considéré par rapport à *un acheteur*. L'auteur n'a donc entendu que constater ce résultat : *l'acheteur est tenu de respecter le bail, comme si le preneur avait un droit réel ; le droit de suite existe à son égard*. Et ce qui prouve que la subrogation est au fond de la pensée de M. Duvergier, c'est que dans ses explications sur la loi du 28 septembre — 6 octobre 1791, se trouvent ces passages : « On *n'oblige* l'acheteur à res-

» pecter la jouissance du preneur, que lorsque les baux » ont une certaine durée. » Tome I, page 257. . . . Et plus bas : « Si le bail doit durer plus de six ans, les » principes existants conservent leur autorité, *l'acqué-* » *reur ne succède pas à l'obligation personnelle du bail-* » *leur.* » Voilà bien, si je ne me trompe, le droit réel exclu et la subrogation reconnue.

Mais M. Proudhon s'exprime plus catégoriquement sur la subrogation.

« Si, dit-il, n° 102, aux termes du Code (1743), le » bail n'est pas, comme il l'était anciennement, résolu » par la vente du fonds, ce n'est pas que le preneur ait » véritablement un droit réel en vertu duquel il puisse » suivre la chose comme sienne, sous le rapport du do- » maine utile, et la revendiquer entre les mains du » tiers acquéreur; mais c'est seulement parce que les » auteurs de cette disposition nouvelle de nos lois ont » voulu que l'aliénation du fonds affermé *ne fût consen-* » *tie, ou censée consentie que sous la condition que le* » *tiers acquéreur y stipulât, ou fût censé avoir stipulé* » *l'obligation personnelle d'entretenir le bail.* »

Le professeur de Dijon, on le voit, érige la convention autorisée par la loi *Emptorem*, en disposition légale impérative : le principe de la subrogation forcée est exactement posé.

Cette théorie est trop contraire à celle de M. Troplong pour qu'il ne s'empresse pas de la repousser.

« Cette objection, dit-il, n° 9, n'est-elle pas entachée » tout d'abord d'une faiblesse radicale ? Avec le raison- » nement de M. Proudhon, je vais vous prouver que le » droit de servitude, d'hypothèque, le droit de résolu- » tion ne sont pas des droits réels. Il me suffira de dire » qu'on ne peut les exercer contre tous que parce que la

» loi présume que les sous-acquéreurs sont censés avoir » consenti à les respecter. Passez-moi ce sous-entendu » du et j'effacerai même de nos Codes tous les droits » réels, je n'aurai besoin que de supposer un engage- » ment tacite ! ! ! »

M. Troplong s'imagine, par cette supposition, ruiner l'opinion de M. Proudhon ; il raisonne ici à la manière des géomètres qui souvent démontrent la fausseté d'une proposition par l'absurdité à laquelle elle conduit. Le sous-entendu d'une convention remplacerait, selon lui, tous les droits réels ; or, cette supposition n'est pas proposable en général ; pourquoi le serait-elle davantage en matière de bail. Telle est son argumentation.

Mais il oublie que ce qui convenait au bail pouvait ne pas convenir à d'autres matières. Rien ne répugne à ce que le preneur n'ait qu'un droit personnel ; et tout repousse la transformation des droits réels en simples créances.

La convention tacite qui impose à l'acquéreur l'obligation du vendeur, donne, comme nous l'avons vu, à l'article 1743 toute sa portée, produit tous les bons effets en vue desquels l'article a été introduit, et n'a rien d'excessif et d'exagéré.

Il me paraît, au contraire, bien difficile que M. Troplong, malgré la fécondité remarquable de sa riche imagination, arrive à faire toujours produire à *ce sous-entendu* qu'il invoque, tous les effets du droit réel.

En ce qui concerne la propriété, droit réel dans sa plénitude, je ne vois pas où ni entre quelles personnes cette convention tacite interviendrait *pour effacer le droit de propriété*.

Serait-ce dans l'acte d'aliénation et entre celui qui aliène et celui qui acquiert ? Mais, si l'un aliène, et si l'autre acquiert, il y a translation d'un droit réel; le sous-entendu ne le détruira pas. D'ailleurs quel serait le sens de cette convention tacite? Dans le bail il est naturel, l'acquéreur s'oblige à respecter les droits d'un tiers; c'est-à-dire, du preneur; ici l'acquéreur s'obligera à respecter les droits. . . . les droits de qui? d'un tiers? mais les tiers n'ont pas de droits. De celui qui aliène? mais le but du contrat est précisément de l'en dépouiller en les transportant. Reste donc l'acquéreur. Ainsi l'acquéreur s'obligerait à respecter ses propres droits!

On se perd dans ces suppositions et l'on va d'impossibilité en impossibilité. M. Troplong prétend qu'en lui passant ce sous-entendu *il effacera tous les droits réels;* et il n'est pas même possible de tenter l'essai de cette transformation pour le premier de tous, le droit de propriété!

Pour les démembrements, l'essai au moins est possible à certaines conditions que nous allons indiquer; reste à savoir si la substitution d'une obligation remplacera en tout point le droit réel.

Tentons l'épreuve pour le démembrement de la propriété le plus important, le droit d'usufruit.

Notre hypothèse rend deux choses nécessaires. D'abord il faut que le propriétaire, au lieu d'aliéner un droit d'usufruit, n'ait donné à sa place qu'une créance de jouissance; car, si le droit d'usufruit était concédé, il ne pourrait être ni altéré ni remplacé par une convention à laquelle l'usufruitier resterait étranger. Puis il faut que dans l'acte d'aliénation intervienne *le sous-entendu réclamé.*

Eh bien! le droit du créancier de la jouissance, protégé par ce *sous-entendu*, par cette convention tacite qui impose à l'acquéreur l'obligation de le respecter, tiendra-t-il lieu d'un droit réel? La subrogation d'obligation atteindra-t-elle ici son but, comme elle l'atteint pour le bail? Évidemment non, l'effet d'un droit réel, c'est d'opérer contre *tout tiers détenteur*; l'effet de la subrogation est produit contre *tout successeur seulement.* Or, la loi n'a voulu atteindre que les acquéreurs par l'article 1743, tandis qu'en conférant un droit réel, elle donne à celui qui en est revêtu le pouvoir d'action contre *tout tiers détenteur.* M. Troplong, à qui répugne toute idée de subrogation de l'*acquéreur* aux obligations du bailleur, qui considère cette supposition *comme entachée tout d'abord d'une faiblesse radicale,* ne reculera-t-il pas devant la pensée d'invoquer son sous-entendu contre *un tiers détenteur?*

Il a l'esprit trop juste pour ne pas reconnaître que la convention tacite ne peut avoir la puissance de l'article 544, qui porte que la propriété est le droit de jouir et de disposer des choses de la manière la plus absolue; qu'elle ne peut produire l'effet de l'article 578 qui définit l'usufruit, le droit de jouir des choses, dont un autre a la propriété.

On peut en dire autant de l'article 637, qui donne la définition de la servitude et de l'article 2114 qui définit l'hypothèque.

La manière de raisonner de M. Troplong n'a donc pu porter la moindre atteinte à l'opinion de M. Proudhon : celle-ci reste dans toute sa force, et le passage suivant, où le droit réel est représenté comme correspondant à une obligation, n'est pas de nature à la lui faire enlever.

« Voulez-vous savoir la véritable raison de *cette obli-*
» *gation* qui vient se présenter à tous les tiers détenteurs

» comme une loi invariable? Voulez-vous savoir pour-» quoi le Code civil l'imprime par une force tacite sur la » tête du sous-acquéreur ? C'est que l'article 1743 a fait » du bail un droit réel; car une *obligation* n'est si géné-» ralement, si invariablement sous-entendue que lorsque » *le droit auquel elle correspond est absolu ;* or, s'il est » absolu, il est réel, il n'y a pas de milieu. »

MM. Duranton et Duvergier appuient, avec raison, leur doctrine de la personnalité, principalement sur l'article 1709, qui trouve son commentaire et ses développements *dans une foule d'autres dispositions* (M. Duvergier, p. 283).

Ils invoquent son sens traditionnel, et son sens grammatical.

Son sens traditionnel; « car (c'est M. Duvergier qui » parle, page 281) le Code adopte précisément la » définition qui était admise par les anciens juriscon-» sultes. Le louage des choses, dit l'article 1709, est un » contrat par lequel l'une des parties *s'oblige à faire* » *jouir l'autre* d'une chose, pendant un certain temps » et moyennant un certain prix.

» Le louage, selon Pothier, est un contrat par lequel » l'un des deux contractants *s'oblige de faire jouir ou* » *user l'autre* d'une chose, pendant un certain temps et » moyennant un certain prix. »

» Il y a identité parfaite dans l'expression. Les mots » *s'oblige à faire jouir* sont religieusement conser-» vés, et cependant le Code aurait voulu dire précisé-» ment l'opposé de ce qu'entendaient autrefois les doc-» teurs ! »

Son sens grammatical; car il est impossible de trouver autre chose qu'une obligation, et par suite un droit personnel, dans le sens littéral de ces mots *s'oblige à faire jouir, qui*, dit encore M. Duvergier, p. 282, *concordent si bien avec l'idée d'un engagement personnel, et qui repoussent toute pensée de transmission d'un droit réel.*

M. Duranton ne croit pas pouvoir mieux faire ressortir la personnalité consacrée dans l'article 1709, qu'en l'opposant à l'article 578, qui définit le droit réel d'usufruit.

« L'usufruitier, continue-t-il, t. IV, p. 62, n'a pas » besoin qu'on le *fasse jouir*; il jouit de lui-même, en » vertu de son droit sur le corps de la chose. . . . . . Au » lieu que le bailleur s'oblige personnellement à faire » jouir le preneur de la chose louée. »

Dans la théorie de la réalité, il est indispensable de confisquer l'article 1709, et ceux qui le fortifient, au profit de l'art. 1743; aussi M. Troplong ne manque-t-il pas d'accuser M. Duranton « de n'avoir vu dans la défi- » nition du bail, donnée par l'article 1709, que ce que » Pothier apercevait dans la définition conforme qu'on » trouve dans ses écrits. » N° 12.

Et il justifie ce reproche par cette raison : « Que l'ar- » ticle 1743 ouvre des aperçus nouveaux, qu'il abolit un » principe fondamental dans l'ancien droit, savoir : Que » le bail ne liait pas les tiers détenteurs. Or, dit-il, ce » changement est-il si peu de chose qu'il doive rester ina- » perçu ? » N° 12.

Dès lors il n'est pas étonnant que M. Troplong « craigne » que M. Duranton *n'attribue des effets trop magni-* » *fiques à ces mots de l'article* 1709, *faire jouir*, opposés » à ceux de l'article 578, *droit de jouir*. » N° 12.

En effet, c'est M. Troplong qui parle : « Ces mots, » *s'oblige à faire jouir*, dans lesquels M. Duvergier voit, » comme M. Duranton, *un sens pour ainsi dire ma-*

» *gique*, ne me paraissent en aucune manière devoir » exclure nécessairement la pensée de la transmission » d'un droit réel. » N° 14.

Ainsi, ces deux jurisconsultes auraient tort de voir dans l'article 1709, quoique copié dans Pothier, le sens que lui donnait et que devait lui donner cet auteur !

Et M. Troplong aurait raison d'enseigner que maintenant, nonobstant cet article, le bail lie les tiers détenteurs, en vertu de l'article 1743, qui ne parle que d'acquéreurs !

MM. Duranton et Duvergier auraient tort de considérer la règle posée dans l'article 1743, qui n'est nouvelle que par sa généralité, comme un accident qui ne change rien à la nature du droit du preneur, définie de la manière la plus nette et la plus explicite par les articles 1709 et 1719, et à laquelle elle s'adapte parfaitement !

Et M. Troplong aurait raison de soutenir « que l'art. » 1709, quoique copié dans Pothier, a, par son rapport » avec l'article 1743, un sens fort différent de celui qui » avait frappé l'esprit de ce jurisconsulte ! » C'est-à-dire, qu'il aurait raison de sacrifier le sens incontestable de l'art. 1709 au sens arbitraire qu'il lui convient de donner à l'article 1743, au mépris de sa lettre et de son esprit !

Fascinés par la force des expressions de l'article 1709, scrupuleusement renfermés dans la signification littérale de ses termes, MM. Duranton et Duvergier s'exposent au reproche de voir dans les mots : *s'oblige de faire jouir, un sens pour ainsi dire magique*, et de *leur attribuer des effets trop magnifiques.*

Pour M. Troplong, qui se donne carrière, qui dédaigne de s'assujettir à la lettre et à l'esprit de l'art. 1743, qui lui attribue un sens qu'il n'a pas et ne peut pas avoir, M. Troplong reste dans les limites de la vérité et de la raison, *il n'attribue pas à cet article des effets trop ma-*

gnifiques, et ne lui voit pas un sens pour ainsi dire magique !

Le passage qui contient le reproche adressé à M. Duranton mérite d'être rapporté en entier.

« Je crains que M. Duranton n'attribue des effets trop » magnifiques à ces mots de l'article 1709, *faire jouir*, » opposés à ceux de l'article 578, *droit de jouir*. Si le » bailleur est tenu de faire jouir le preneur, c'est pro» bablement que ce dernier a un droit de jouir, car toute » obligation suppose un droit corrélatif. L'article 1709 » n'a pas défini le droit du fermier, il s'est borné à » formuler l'obligation du bailleur; mais spécifier l'obli» gation, c'est du même coup spécifier le droit, puisque » l'obligation n'est que la contre-partie du droit. »

Je défie le partisan le plus déclaré de la personnalité d'en donner une idée plus exacte, que ne le fait ici M. Troplong. Oui, du moment que l'obligation de faire jouir le preneur suppose un droit corrélatif de jouir, qu'elle n'est que la contre-partie de ce droit, il n'y a pas à s'en dédire, le droit est reconnu personnel. En effet, si l'obligation est corrélative au droit, le droit est réciproquement corrélatif à l'obligation; or, un droit personnel est précisément celui qui est corrélatif à une obligation.

Après cet aveu, qui s'attendrait à ce qui suit : « Eh » bien! ce droit de jouir du bailliste, à quelle classe le » rapporterons-nous? (la question est curieuse après ce » qui précède) est-il réel? est-il personnel? Sans doute, » Pothier avait raison d'enseigner de son temps qu'il ne » constituait qu'une créance personnelle, parce qu'alors » il n'engendrait pas un droit de suite. Mais aujour» d'hui les mots *faire jouir* de l'article 1709 ont une » signification beaucoup plus large. Ils ne restreignent

» pas le droit du bailliste à une simple créance personnelle, puisqu'il a un droit contre les tiers avec lesquels » il n'a pas contracté. »

Ainsi, le droit personnel est dans les prémisses, et le droit réel dans la conclusion !

« J'avoue, j'emprunte les paroles de l'auteur, n° 13, » j'avoue que cette conclusion me confond d'étonnement. » Quoi donc ! l'obligation du bailleur n'est que la contrepartie du droit du preneur, et le preneur, dont le droit est corrélatif à une obligation, a acquis un droit réel !

Je terminerai ce qui est relatif à la réfutation de M. Duranton, en rapportant et en commentant le passage qui suit :

« Embarrassé par l'article 1743 du Code civil, M. Duranton croit échapper à cette disposition si grave, en » répondant qu'elle a été introduite en faveur de l'agriculture, mais non pour changer les anciens principes » sur la nature du louage. Explication insuffisante et » vaine ! Et que m'importe que ce soit l'intérêt de l'agriculture qui ait dirigé le législateur ? qui m'empêche » de dire que c'est dans l'intérêt de l'agriculture qu'il a » accordé au bail la puissance toute nouvelle d'engendrer le droit réel ? Ensuite, remarquons-le, le bail à » loyer est étranger aux intérêts de l'agriculture, et cependant le sous-acquéreur d'une maison est obligé de » respecter le bail établi sur la chose !!! » N° 12.

Je remarque, en effet, que l'explication de M. Duranton n'est *insuffisante* que parce que M. Troplong ne l'a reproduite qu'en partie. L'intérêt de l'agriculture n'est représenté par M. Duranton que comme le motif *principal*, et non comme le motif *unique* de la disposition de l'article 1743.

En effet, voici comment il s'exprime, t. IV, n° 73 :

« Mais il ne faut pas inférer de cette disposition, intro-» duite *principalement* en faveur de l'agriculture, afin » qu'un fermier ne fût pas retenu de faire des amé-» liorations par la crainte d'être expulsé, que le droit » a changé de nature. » Et en note : « Nous di-» sons *principalement*, parce que la disposition peut » aussi être invoquée par les locataires de maisons » dont les baux ont une date certaine antérieure à la » vente. »

On trouve en outre, t. XVII, n° 188, cet autre passage : « La décision de l'article 1743 *principalement* fondée » sur l'intérêt de l'agriculture et de l'industrie, afin que » le fermier, *par exemple*, ne soit pas, etc. »

L'explication n'est donc pas *insuffisante*, car M. Duranton, qui exprime le motif spécialement applicable aux baux ruraux, en reconnaît expressément d'autres applicables aussi aux baux de maisons.

Explication vaine, dit encore l'auteur. « Qui m'em-» pêche de dire que c'est dans l'intérêt de l'agriculture » qu'il a été accordé au bail la puissance toute nouvelle » de créer un droit réel ? »

Comment M. Troplong n'aperçoit-il pas la différence de leur position respective? M. Duranton invoque le motif principal pour fixer la limite d'action de l'article 1743. Si le but de la loi est atteint en imposant à l'acquéreur les obligations du bailleur, quelle raison y aurait-il de bouleverser les anciens principes? Son allégation est donc significative et probante.

Au contraire, l'invocation de ce motif en faveur du droit réel n'est qu'une pure allégation dans la bouche de M. Troplong, à moins qu'il ne l'accompagne de la preuve que la satisfaction accordée au fermier est incompatible avec le maintien du droit personnel.

Jusque-là, il sera permis de conserver aux articles 1709, 1719, leur signification primitive et naturelle, et ils embarrasseront beaucoup plus M. Troplong que M. Duranton ne l'est de l'article 1743.

M. Duvergier, pages 250-256, se prévaut, comme M. Duranton, des motifs qui ont amené l'article 1743, pour en déterminer la portée. Il invoque en outre l'invraisemblance de l'introduction presque furtive du droit réel.

« Si le législateur eût songé, dit-il, à introduire un » changement essentiel dans la nature des effets que » produisent les baux, s'il eût voulu conférer au preneur » un droit réel, au lieu de la créance personnelle qu'il » avait précédemment, ce n'est pas ainsi qu'il eût manifesté sa pensée; il n'eût point présenté son nouveau » système sous la forme d'une déduction qui laisse deviner le principe; il ne l'eût pas révélé seulement en » montrant quelques-uns de ses effets; il l'aurait certainement exposé au grand jour, proclamé, écrit au » frontispice du titre, consacré dans la définition même » du louage. » Page 251.

Dans ce passage, M. Duvergier se fonde avec raison sur cette présomption, que le législateur manifeste sa volonté de la manière la plus convenable, et qu'il est raisonnable d'admettre que, dans cette circonstance surtout, la manifestation de cette volonté eût été explicite, puisqu'il s'agit de substituer un système nouveau à un ancien; substitution qui, ayant préoccupé fortement le législateur, a dû être clairement et expressément proclamée.

Que répond M. Troplong?

« Et moi aussi je voudrais que le législateur montrât » son infaillibilité, autant dans la conception de la » pensée légale que dans la formule qui la revêt. Com» bien cette perfection rendrait plus simple et plus cou-

» lante la tâche de l'interprète ! ! ! Mais qui ne sait que » la prévoyance de la loi se trouve trop souvent en dé- » faut, tantôt parceque l'expression amoindrit la pensée, » tantôt parce que la pensée dépasse l'expression ? Et » sans sortir du Code civil, n'y a-t-il pas dans cette » œuvre, si remarquable du reste, des lacunes sans » nombre, des réticences pleines d'embarras, des inco- » hérences inexplicables ? » N° 14.

Et il cite deux exemples assez mal choisis, et sur l'un desquels nous allons revenir ; mais qui ne voit que cette réponse ne répond à rien? De ce que le législateur se trompe quelquefois, assez souvent même, s'ensuit-il que l'argument tiré de sa prudence, de sa sagesse, soit absolument sans force?

Une accusation vague de légèreté, d'imprudence, dirigée contre le législateur, ne porte donc aucune atteinte à l'argumentation de M. Duvergier. C'est à M. Troplong à prouver que, dans le cas qui nous occupe, le législateur du Code civil a failli à son devoir. Et pour cela, il faut commencer par prouver sans réplique l'existence du droit réel. Mais c'est là que gît la difficulté.

Un des deux exemples cités par M. Troplong pour appuyer son accusation est invoqué par M. Duvergier pour justifier la sagesse du législateur.

« Lorsque les rédacteurs du Code civil ont voulu at- » tribuer à la vente l'effet qu'elle ne produisait pas dans » l'ancien droit, de transmettre la propriété, ils se sont » bien gardés de donner une définition vieillie, et qui » n'était pas en harmonie avec le changement qu'ils vou- » laient introduire; ils ont déclaré hautement leur pen- » sée dans les deux premiers articles de la vente. »

Ainsi parle M. Duvergier, page 252. Écoutons M. Troplong, n° 14 :

« Mais j'ouvre la définition que le Code civil a donnée » de la vente (art. 1582, Code civil); de la vente, di» sais-je, qui, chez nous, a des effets si différents de ceux » que l'ancien droit lui attribuait. Et qu'y trouvé-je tout » d'abord? précisément une définition conforme à celle » qu'en donnait Africain!!

» Il est vrai que l'intention du législateur ne tarde pas » à se révéler par d'autres textes, qui démontrent que » les expressions de l'article 1582 ne correspondent pas » à l'idée qu'il voulait rendre, et qu'il s'est laissé in» fluencer dans son langage par le langage de ses prédé» cesseurs. Eh bien! c'est aussi ce que je dis de l'arti» cle 1709. Sans doute il est copié dans Pothier, comme » l'article 1582 était copié dans les lois romaines; mais » l'article 1743 vient ensuite pour en modifier la portée » et en expliquer la formule incomplète. »

Ainsi appuyé sur la sagesse présumée du législateur, M. Duvergier repousse l'introduction du droit réel par une voie détournée, indirecte, en argumentant de la conduite toute différente qu'il a tenue pour le contrat de vente, dont il voulait modifier les effets.

Au contraire, M. Troplong pense que, dans son système, le législateur n'est pas plus à l'abri de reproches pour la vente que pour le louage; que les définitions de ces deux contrats ont eu besoin l'une et l'autre de complément, et que la définition du louage se trouve dans l'article 1743, comme celle de la vente dans l'article 1583.

M. Duvergier nous paraît avoir bien mieux rencontré que M. Troplong.

L'article 1583 fait suite à l'article 1582, qui contient la définition ancienne; la rédaction même se continue d'un article à l'autre, comme on peut s'en convaincre par la lecture; le numérotage seul les sépare.

D'ailleurs, la raison d'une disposition à part est évidente. Le législateur avait plus d'un changement à énoncer ; il était convenable de s'en expliquer par une disposition séparée. L'article 1583 ne déroge pas seulement au droit romain en ce qu'il transporte la propriété sans tradition, par la puissance seule de la convention, mais aussi parce qu'à la différence encore du droit romain, le transport a lieu, quoique le prix ne soit pas payé.

Or, ces deux changements importants méritaient bien de faire un article à part, destiné à continuer et à compléter la définition contenue dans le précédent.

Si nous nous reportons au bail, verrons-nous également que l'article 1743 ait été fait pour servir de complément à la définition contenue dans l'article 1709? D'abord, la place qu'ils occupent prouve que l'un n'a pas été fait pour compléter l'autre. L'article 1709 est placé en tête du titre du chapitre des dispositions générales ; un grand nombre de numéros le séparent de l'article 1743, qui se trouve à la suite des articles qui contiennent les causes de cessation du bail.

Cet éloignement même empêche que la rédaction du premier se continue dans l'autre.

Mais ces observations, tout importantes qu'elles sont, le cèdent encore à la considération suivante, puisée dans le fond même des choses : c'est que le contenu de l'article 1583 s'adapte parfaitement à l'article 1582, et n'exige ni le sacrifice, ni même la modification de ses expressions ; tandis que l'article 1743 ne peut s'adapter à l'article 1709, sans l'altérer, sans le dénaturer.

L'article 1582, quoique emprunté au droit romain, ne contient rien qui ne soit parfaitement vrai sous notre législation. Maintenant, comme autrefois, le vendeur est obligé de délivrer ; que si la vente produit un effet nouveau, le transport de la propriété, c'est une *addition* à faire à la définition de l'article 1582; mais il n'y a pas de modification et encore moins de transformation à lui faire subir, ainsi qu'on s'en convaincra en lisant la définition qui suit :

La vente est un contrat translatif de propriété, par lequel l'un s'oblige à livrer une chose et l'autre à la payer.

Ce que j'ai ajouté à l'article 1582 est-il, en quoi que ce soit en opposition avec ce qu'il contient?

En sera-t-il de même, si nous empruntons le contenu de l'article 1743, interprété dans le sens du droit réel, pour le joindre à l'article 1709? Essayons :

Le louage des choses est un contrat translatif du droit réel de jouissance pendant un certain temps au profit du preneur, et par lequel le bailleur s'oblige à faire jouir le preneur d'une chose pendant un certain temps, et moyennant un certain prix que celui-ci s'oblige à lui payer.

Il est tout naturel qu'un vendeur livre une chose, quoique la propriété soit transférée; mais l'est-il de même qu'un bailleur s'oblige à faire jouir, pendant un certain temps, celui qui est investi du droit de jouir, du moment même où la jouissance doit commencer? Évidemment non.

Le rapprochement des textes relatifs à la vente et au louage est donc favorable à M. Duvergier et contraire à M. Troplong.

Inutilement ce dernier fait effort pour écarter l'idée de contradiction entre les articles 1709 et 1743 : il faut qu'il succombe à la peine, ou, s'il parvient à son but, ce sera, comme nous l'avons déjà remarqué, en sacrifiant le sens de l'article 1709, en le subordonnant entièrement aux exigences de l'article 1743. C'est ce qui résulte plus clairement encore des citations même que nous lui empruntons.

« Mais pensons-y bien, dit-il, l'article 1743, com-
» biné avec l'article 1709, *ouvre des aperçus tout nou-*
» *veaux;* il donne au bail des effets ignorés de Pothier.
» Il abolit un principe fondamental dans l'ancien droit. »
N° 12.

« Nous soutenons donc que l'article 1709, quoique
» copié dans Pothier, a, par ses rapports avec l'ar-
» ticle 1743, *un sens tout différent* de celui qui avait
» frappé ce jurisconsulte. Il faut le lier aux nouveaux
» principes que le Code a consacrés. » N° 12.

« Mais aujourd'hui les mots *faire jouir*, de l'article
» 1709, ont une signification beaucoup plus large. » N° 12.

« Il faut donc reconnaître que l'article 1709 a une *élas-*
» *ticité* et une *souplesse* qui ne ressemble en rien à cette
» hauteur impérieuse qu'on veut lui attribuer. » N° 14.

Il faut en effet une rare élasticité, une prodigieuse souplesse pour que des expressions qui naguère exprimaient positivement le droit personnel, puissent maintenant *se lier aux nouveaux principes que le Code a consacrés*, c'est-à-dire, selon l'auteur, s'adapter au droit réel.

Ce tyran qui étendait dans un même lit tous les voyageurs qu'une fatale destinée poussait dans ses états, qui mutilait les uns pour les réduire aux proportions de la couche homicide, qui disloquait les membres des autres pour leur en faire atteindre la longueur, ce tyran pouvait dire aussi que ses malheureux hôtes avaient une grande souplesse et une élasticité merveilleuse.

Examen des documents historiques.

C'est dans le commentaire de l'article 1709, c'est-à-dire en expliquant la disposition de laquelle ressort précisément la personnalité, que M. Troplong a exposé et défendu d'abord la théorie de la réalité.

Elle devait naturellement se reproduire dans le commentaire de l'article 1743 où, selon l'auteur, elle prend sa source. Aussi l'auteur débute-t-il par la profession de foi la plus explicite.

« L'article 1743, écrit-il n° 473, est peut-être le plus » grave et le plus fécond de toute la matière du louage. » *C'est lui qui a transformé le caractère de ce contrat;* » *c'est lui qui a fait passer les droits du preneur de la* » *classe des droits relatifs (jus ad rem) à la catégorie* » *des droits absolus (jus in re).* L'importance n'en a » pas été sentie par tous les commentateurs du Code; » plusieurs se sont même attachés à la rapetisser et à l'é» touffer. Je vais m'efforcer de lui rendre son caractère » véritable. »

Dans le commentaire de l'article 1709, M. Troplong argumente seulement du texte de l'article 1743. Ici il remonte, pour établir son système, à la législation antérieure et aux travaux préliminaires du Code.

Le droit romain et l'ancienne jurisprudence française sont trop expressément contraires à la théorie de la réalité, pour que M. Troplong ait essayé d'en tirer le moindre parti. Mais une loi intermédiaire, la loi sur la police rurale, des 28 septembre — 6 octobre 1791, lui a paru recéler le *germe d'une innovation précieuse*, n° 487, c'est-à-dire le germe de la réalité.

En effet, l'article 2 de la section 1re du titre 1er, porte : « qu'à défaut de convention contraire, le bail d'un bien rural de six années et au-dessous ne pourra, en cas de vente du fonds, être résilié que de gré à gré. »

Cet article abroge ainsi la loi *Emptorem ;* l'acquéreur est tenu de respecter le bail ; d'où, pour M. Troplong qui confond *l'acquéreur* avec le *tiers détenteur*, la conséquence que le fermier, ayant un droit de suite, a par là même un droit réel.

Nous avons déjà fait justice de cette argumentation (page 854 et suiv. du t. VIII). Il nous suffira donc, en renvoyant à ce que nous avons dit, de protester contre cette conclusion de l'auteur. « Je dis que le droit réel » faisait pour la première fois son apparition dans le » louage d'immeubles à court terme. Les auteurs que j'ai » réfutés *suprà* n° 9 et suivants, ont nié ce fait *évident*. » Mais en vérité *il faut avoir un bandeau sur les yeux* » pour ne pas en être frappé. »

Non, il n'est pas nécessaire d'avoir un bandeau sur les yeux pour ne pas être frappé de l'*évidente* existence de la réalité ; il suffit de ne pas se faire illusion, de voir les choses comme elles sont, c'est-à-dire de distinguer l'*acquéreur* d'un *tiers détenteur*.

L'article 2 repousse donc lui-même le principe de la réalité ; mais en admettant que sa rédaction équivoque laissât quelque incertitude, son rapprochement de l'article 3 la ferait incontinent disparaître.

En effet, cet article 3 autorise l'acheteur d'un fonds qui veut cultiver lui-même sa propriété, à expulser le fermier qui a un bail de plus de six années.

On aperçoit facilement le motif qui a porté l'assemblée constituante à imposer à l'acheteur l'obligation de respecter les baux de fonds de six années et au-dessous, et pourquoi elle n'a pas étendu cette règle aux baux de plus longue durée. Elle voulait, ainsi que l'observe M. Duvergier, p. 257, t. 1er, améliorer la jouissance, sans porter une atteinte grave aux droits de la propriété; elle accordait une satisfaction partielle, qui n'a rien de contraire à la raison, dans la supposition du maintien du droit personnel, mais qui serait inconcevable dans le système de la réalité. Le droit réel, en effet, a une nature qui se prête difficilement à une durée limitée. Et cependant l'assemblée constituante aurait attaché la réalité aux baux de six années et au-dessous, tandis qu'elle maintenait la personnalité pour les baux de plus de six ans; et puis, pourquoi encore la réalité pour les baux de biens ruraux et la personnalité pour les baux de maisons? Si l'assemblée constituante eût entendu établir la réalité, ses dispositions, selon la remarque judicieuse de M. Duvergier, p. 257, t. 1, « n'eussent pas fait de » distinction entre les baux de maisons et les baux d'hé- » ritages ruraux, entre les baux de six ans et les baux » d'une plus longue durée; sous ce dernier rapport elles » l'eussent même établie en sens inverse. »

Mais ces raisons n'ont fait aucune impression sur M. Troplong, qui même accuse M. Duvergier « de n'a- » voir pu colorer son système qu'en se faisant illusion » sur le sens de l'article 3 et en lui attribuant des effets » dont il vient, dit-il, de démontrer le peu de solidité. » N° 488.

M. Troplong, avant d'expliquer le véritable sens de l'article 3, commence par décider que la règle posée dans l'article 2 pour les baux de six ans et au-dessous, est également applicable aux baux au-dessus de six ans, quoique les articles 2 et 3 disent le contraire, le premier implicitement, le second explicitement, et que le sens naturel de ces articles soit expressément reconnu par M. Jaubert (Fenet, tome 14, p. 352). Voyons cependant par quel effort de dialectique M. Troplong arrive à ce résultat inattendu.

« Les art. 1 et 2, écrit-il n° 486, laissent plutôt supposer qu'ils ne décident expressément que la même » règle (la règle posée dans l'article 2, qui défend à » l'acquéreur d'expulser un fermier dont le bail n'est » que de six années et au-dessous) a lieu à l'égard des » baux au-dessus de six ans. Du reste, cette supposition » n'est pas une vaine conjecture. Elle est le résultat logique de la comparaison des deux articles. Et d'ailleurs, comment l'assemblée constituante aurait-elle » ignoré que, par la jurisprudence sous l'empire de laquelle on se trouvait, plus les baux étaient à long » terme, plus les droits du preneur s'approchaient du » droit réel, et que les baux au-dessus de dix ans consacrant à son profit le *jus in re*, n'avaient pas à redouter la loi *Emptorem*. »

Je m'étonne que l'auteur n'ait pas compris les baux de maisons dans cet article 2. Le texte, en effet, ne les exclut pas plus que les baux ruraux de plus de six ans. Je dirai même qu'il les exclut moins. La division des baux de la même espèce de biens en deux classes, d'après leur durée, suppose une intention bien plus réfléchie de soumettre chacune d'elles à des règles différentes, que la simple omission des baux d'une autre nature de biens. Cette omission pourrait être attribuée à un oubli qui ne peut se supposer dans l'autre cas, surtout lorsque l'article 3 trace immédiatement les règles applicables aux biens ruraux de la classe exclue par l'article précédent.

Mais revenons au passage cité. D'abord, que signifient ces mots : *plus les baux étaient à long terme, plus les droits du preneur s'approchaient du droit réel?* Sans doute ils expriment que la pureté du droit personnel s'altère au fur et mesure que la durée du bail augmente, pour finir enfin par se perdre dans la réalité. Il est à regretter qu'on n'indique pas le moment précis où commence la transformation, et dans quelle proportion elle s'accomplit.

Les baux au-dessus de six ans et de moins de dix ans, quoique d'une durée rapprochée de ceux qui confèrent, selon certains auteurs, un droit réel, n'avaient pas plus le caractère de la réalité que les baux les plus courts.

Le raisonnement aurait quelque chose de spécieux, si l'assemblée constituante avait divisé les baux de biens ruraux selon leur durée de moins ou de plus de dix ans. Cette division laisserait supposer qu'elle a voulu supprimer la règle *successor particularis non tenetur stare colono* pour ceux de moins de dix ans, les seuls qui fussent soumis à cette règle.

Mais ce raisonnement n'a plus aucune force, du moment que l'assemblée constituante a adopté une autre division; il prouve même qu'elle statuait sous l'influence d'une pensée différente.

Si le législateur n'a pas eu en vue de maintenir, par l'article 3, la loi *Emptorem*, pour le cas où l'acquéreur veut cultiver lui-même, que s'est-il donc proposé? M. Troplong va nous l'apprendre.

« Il est vrai que l'article 3 autorise le nouvel acqué-
» reur à demander la résiliation dans un sens unique,
» c'est-à-dire, quand il voudra cultiver lui-même, et à
» charge par lui de payer des dommages et intérêts au

» fermier. Mais cette exception est tout autre chose que » l'application de la loi *Emptorem*, et *je suis étonné* » *que M. Duvergier s'y soit laissé tromper*. Si le nou» veau propriétaire eût été placé dans les conditions de » la règle *successor particularis non tenetur stare co-* » *lono*, il n'eût pas été astreint à payer des dommages» intérêts au fermier expulsé par lui. Ce dernier n'au» rait eu de recours que contre le bailleur qui manquait » à l'obligation de le faire jouir, et la loi du 28 sep» tembre 1791 eût commis le plus énorme des contre» sens en obligeant le nouveau propriétaire à payer des » indemnités pour la violation d'une promesse qu'il » n'avait point faite, pour la rupture d'un lien per» sonnel auquel sa personne n'était point engagée. Il » est même évident que l'article 3, en faisant peser le » dédommagement sur le nouveau propriétaire, et non » sur l'ancien, considérait nécessairement l'obligation » d'entretenir le bail comme étant passée à sa charge. » N° 486.

Sans doute l'obligation de maintenir le bail est imposée à l'acheteur, s'il n'accepte pas la condition à laquelle l'expulsion est assujettie; mais s'il consent à s'y soumettre, il peut expulser. Il est alors soumis à une autre obligation, celle de donner des dommages-intérêts, non pour violation de sa propre obligation, mais parce que l'expulsion entraîne la violation de l'obligation de son vendeur.

Eh! qu'y a-t-il donc d'étonnant que la loi ait tenu à l'acquéreur, dans l'intérêt du vendeur, le langage qu'autrefois le vendeur tenait souvent lui-même?

Vous ne voulez, disait celui-ci à son acheteur, acquérir qu'en conservant la faculté d'expulser le fermier; j'y consens; mais du moins mettez-moi à l'abri du recours du fermier, devenez responsable des suites de l'inexécution de mon obligation.

Dans l'ancien droit, cette clause passait même pour plus favorable que celle qui défendait l'expulsion, cela résulte du passage suivant du tribun Mouricault (Fenet, t. 14, p. 330).

« Cette faculté (d'expulser) prenait sa source dans » les lois romaines, mais elles ne l'attribuaient qu'à » celui qui, par son titre d'acquisition, n'avait pas été » chargé de l'entretien du bail. Chez nous *cette stipu-* » *lation même ne le privait pas de la faculté, elle ne le* » *soumettait à autre chose qu'à indemniser le loca-* » *taire en l'expulsant, elle n'avait pas plus d'effet que* » *la stipulation directe qui l'aurait chargé de payer* » *l'indemnité en l'acquit du vendeur.* »

Nous pouvons donc conclure que la loi du 28 septembre 1791 n'a *pas commis le plus énorme des contre-sens*, en obligeant le nouveau propriétaire à payer des indemnités pour la violation d'une promesse qu'il n'avait pas faite.

Mais voyons la suite du passage de M. Troplong, elle va nous faire connaître le sens qu'il donne à l'article 3.

« Si elle l'autorise (l'acquéreur) à faire résoudre le » bail, c'est par une sorte d'extension de la loi *Æde*, » et nullement par application de la loi *Emptorem;* » c'est à titre de propriétaire qui veut occuper ses do- » maines ruraux, et les cultiver lui-même. C'est pour » favoriser l'esprit agricole et le goût des travaux cham- » pêtres. Mais ce n'est pas à titre de successeur parti- » culier qui vient dire : le bail n'a pas fait impression » sur la chose, je n'en suis pas tenu ! Eh mon Dieu ! il » en est si bien tenu que pour peine d'y porter obstacle,

« il est condamné à des dédommagements. » N° 480.

On ne s'attendait guère à la citation de la loi *Æde*.

L'assemblée constituante était pénétrée du désir d'améliorer la position du fermier, on ne peut le nier; comment, dès lors, supposer qu'elle ait la pensée de recourir à la loi *Æde*, dont l'esprit hostile au locataire de maison, rendait la position de celui-ci beaucoup plus précaire que celle du fermier? Mais voyons les rapprochements.

La loi *Æde* accordait le droit d'expulsion au bailleur lui-même.

L'article 3 ne le lui accorde pas.

La loi *Æde* n'avait pas besoin de l'accorder à l'acquéreur qui le tenait du principe posé dans la loi *Emptorem*; or, l'article 3 dispose précisément pour l'acquéreur.

Les dispositions diffèrent aussi bien que les motifs : il n'y a que ceci de commun que dans les cas prévus par les deux lois, le propriétaire doit occuper les lieux; mais cette ressemblance accidentelle est sans importance véritable.

L'explication de M. Troplong ne peut donc se soutenir; reste celle de M. Duvergier, déjà donnée par M. Jaubert, et qui, en définitive, est fondée sur les termes mêmes de la loi et sur son esprit.

L'article 3 règle ce qui est relatif aux baux de plus de six ans, comme l'art. 2 ce qui concerne les baux de courte durée. Ainsi revient l'objection insoluble : comment les baux de moins de six ans conféreraient-ils un droit réel, tandis que les autres ne donneraient qu'un droit personnel? Ainsi la rédaction de l'article 2, et surtout son rapprochement de l'article 3, prouvent qu'en améliorant la position du fermier, on n'a jamais eu la pensée de changer la nature de son droit. On n'a voulu que supprimer en partie la règle : *successor particularis non tenetur stare colono*, suppression qui n'a rien de commun avec l'introduction du droit réel ; nous ne pouvons trop le répéter.

« Le bail à ferme, continue M. Troplong, n° 487, » venait de recevoir le cachet du droit réel, *puisqu'il » militait désormais contre tous les acquéreurs et suc- » cesseurs à titre singulier*. Un pas restait à faire pour » étendre à tous les baux d'immeubles cette heureuse » idée. Il était réservé au Code civil d'accomplir cette » amélioration....... mais il est intéressant de voir quel » chemin il a pris pour arriver jusque-là. Ouvrons les » travaux préliminaires de l'article 1743 ! ! » N° 489.

Avec les idées de l'auteur sur la nature du droit réel, il ne lui sera pas plus difficile de le trouver dans les préliminaires du Code, que dans la loi de 1791, que dans le Code lui-même. En effet ces préliminaires révèlent la pensée consignée dans l'article 1743, de soustraire le locataire d'immeubles à la règle : *successor particularis non tenetur stare colono*. Mais cette pensée, qui est tout autre que l'intention de constituer le droit réel, ne peut être confondue avec elle, précisément en raison de la manière dont elle se produit dans toutes les discussions. Au ton qui y règne, on voit que les partisans de l'abrogation de la loi *Emptorem* ne veulent qu'une transmission d'obligation.

Pour ne pas donner trop d'étendue à cette dissertation déjà bien longue, je m'abstiendrai de suivre M. Troplong dans l'examen qu'il fait des observations de la cour d'appel de Lyon. Je renvoie le lecteur à son ouvrage, n° 489, en l'avertissant que les membres de cette cour qui désiraient améliorer la position du locataire, ne font pas même la moindre allusion au droit réel.

J'ai hâte d'arriver à la discussion du conseil d'état.

Elle ne satisfait pas M. Troplong ; « il l'a lue et relue, » et franchement il doute que les membres qui y ont » pris part, aient bien su ce qu'ils allaient faire. Le mot » paraîtra téméraire et dur. Il va le justifier. » N° 490.

« On ne conçoit pas que de graves conseillers d'état, » que MM. Tronchet et Galli aient dit que la loi *Empto-* » *rem* n'était qu'une pure subtilité. Comment n'ont-ils » pas vu qu'elle dérivait de l'éternelle et profonde divi- » sion qui sépare le *jus ad rem* du *jus in re* ! ! ! n° 478... » Pourquoi M. Berlier répète-t-il ces paroles en y applau- » dissant ? pourquoi M. Bigot vient-il ajouter que la » loi *Emptorem* ne peut se concilier avec l'équité et la » foi due aux contrats ? » N° 490.

Si la règle consignée dans la loi *Emptorem* n'était pas une *subtilité*, pourquoi M. Troplong approuve-t-il son abrogation ? Si M. Troplong reprend justement M. Bigot qui accuse la loi *Emptorem* de ne pouvoir se concilier avec l'équité et la foi due aux contrats, pourquoi M. Troplong applaudit-il à sa destruction ? pourquoi se rend-il ainsi le complice de ceux qu'il blâme ?

Cependant, « quand il s'agit d'hommes comme ceux » qu'il vient de nommer, le reproche d'ignorance serait » inconvenant et déplacé. » N° 490.

Aussi l'auteur « cherche à expliquer par une méprise » ce langage inexplicable. »

« Le conseil d'état avait, poursuit-il, une pensée que » je crois bonne ; c'était de mettre le bail au-dessus des » vicissitudes occasionnées par les mutations de pro- » priétaires....... L'entreprise était facile. Il suffisait

» d'*ajouter un linéament* aux traits caractéristiques que » le bail avait dans le droit romain ; il suffisait de con- » sidérer le bail comme créant au profit du preneur, » outre les rapports personnels, un droit distinct de » celui du propriétaire et s'incorporant à la chose même ; » c'est ce qu'avait fait la cour d'appel de Lyon.

» Cette idée poursuivait le conseil d'état ; elle couvrait » de son prestige la loi *Emptorem*. Elle en éclipsait à » ses yeux le sens et la légitimité. *Il faudrait être* » *aveugle pour ne pas voir qu'elle est au fond de toute* » *la discussion, et que seule elle en donne la clef.* » N° 490.

Étrange langage ! Dénaturer le droit du preneur, c'est, pour l'auteur, *ajouter un linéament aux traits caractéristiques du bail !* J'aurais cru que rendre le droit du preneur, réel, de personnel qu'il était, c'était détruire les anciens traits caractéristiques du bail, et leur en substituer de nouveaux.

La subrogation de l'acheteur aux obligations du vendeur, qui modifie les effets du bail sans le dénaturer, ne serait-elle pas plutôt ce *linéament* qu'on voulait ajouter ?

Les membres du conseil d'état ne se montrent préoccupés que de la sécurité du locataire, que de l'amélioration de sa position ; du droit réel, pas le moindre mot ! et M. Troplong affirme sans hésiter, *qu'il faudrait être aveugle pour ne pas voir que l'idée de ce droit est au fond de toute la discussion, et qu'elle seule en donne la clef.*

Il est vrai qu'on est maître de supposer que de graves conseillers d'état ont évidemment voulu ce à quoi ils ne paraissaient pas avoir songé le moins du monde, quand on se croit autorisé à leur reprocher de *n'avoir pas bien su ce qu'ils allaient faire.* Ils s'imaginaient tout simplement qu'ils se bornaient à l'abrogation de la loi *Emptorem, contraire à l'équité, à la foi due aux contrats.* Eh bien! ils se trompaient; ils allaient beaucoup plus loin. « On ne se posait pas, dit M. Troplong, » au point de vue de la loi *Emptorem*. Sans s'en rendre » compte, on avait fait à la suite de l'assemblée consti» tuante un voyage immense, qui en avait éloigné » l'aspect, et effacé la physionomie. C'est pour cela qu'on » s'imaginait ne faire disparaître qu'une *subtilité*, tan» dis qu'on opérait une *subversion*, comme disaient les » magistrats de la cour de Lyon!!! » N° 401.

Et c'est cette *subversion* qui ne forme qu'un *linéament* nouveau ajouté au bail!

Mais revenons; je l'ai déjà fait remarquer, pas le moindre mot, pas la moindre allusion au droit réel. Il y a plus; les membres du conseil d'état, les Tronchet, les Bigot, les Berlier, se plaçaient évidemment sur le terrain de l'ancien droit, c'est-à-dire, sur celui de la personnalité, puisque tous, à tort ou à raison, ils ne considéraient la loi *Emptorem* que comme une *subtilité*.

Quoi! pour retrancher une subtilité il faut bouleverser les principes! Une subtilité m'avait toujours paru un vice qu'on supprimait pour améliorer la législation existante, et non pour la détruire.

Une nouvelle observation vient encore à l'appui de ce qui précède. Le conseil d'état met sur la même ligne l'abrogation de la loi *Æde*, et celle de la loi *Emptorem*: il en donne les mêmes raisons. *Elles ne peuvent*, dit M. Bigot, *se concilier avec l'équité et la foi due aux contrats. La raison ne veut pas*, dit M. Berlier, parlant de ces deux lois, *que le contrat que le bailleur a souscrit, devienne résoluble par son seul fait.*

Or y a-t-il dans ces motifs rien qui réveille la pensée du droit réel? Elle ne pouvait même pas naître de l'abrogation de la loi *Æde*, puisqu'il ne s'agissait que d'interdire au bailleur la faculté de se soustraire à sa propre obligation. Or si l'abrogation de la loi *Æde* ne peut amener le droit réel à sa suite, pourquoi en serait-il autrement de l'abrogation de la loi *Emptorem*, mise sur la même ligne que l'autre?

Montrons maintenant qu'un même esprit d'équité a porté le conseil d'état à proscrire également ces deux lois.

M. Tronchet répond : « que la loi *Æde* n'était fondée » sur aucune raison solide, que la loi *Emptorem* avait » un motif, mais que ce n'était après tout qu'une subti» lité..... Depuis l'assemblée constituante ces deux lois » avaient été *abandonnées*. On a pensé cependant que » pour prévenir les difficultés et les procès, *il convenait » de les abroger formellement*, en laissant néanmoins » la faculté de s'y soumettre par une stipulation parti» culière.

» La raison ne veut pas, c'est M. Berlier qui parle, » que le contrat que le bailleur a souscrit, devienne ré» soluble par son fait. Au surplus, M. Tronchet a fort » justement observé que la loi *Emptorem* ne reposait » que sur l'une de ces subtilités que l'on trouve trop » souvent dans le droit romain; *elle n'est pas plus fa» vorable que la loi Æde;* et si celle-ci a été rejetée sans » opposition, l'autre ne mérite pas un meilleur sort. »

Enfin M. Bigot dit « que le droit nouveau diminuera » un peu la valeur des biens..... ; mais que néanmoins » il n'est pas moins d'avis d'abroger les lois *Emptorem* » et *Æde*, qui ne peuvent se concilier avec l'équité et » la foi due aux contrats. »

On voit que ces conseillers d'état ont voulu faire prévaloir les motifs d'équité et de foi due aux contrats; que la loi *Æde* n'avait à leur opposer aucune raison de droit; que la loi *Emptorem* en avait une, *successor particularis non tenetur stare colono*, mais que c'était une pure subtilité qui devait disparaître en présence de considérations de l'ordre le plus élevé.

Remarquons en outre les dernières et décisives paroles de M. Tronchet : *ces deux lois étaient abandonnées depuis l'assemblée constituante.*

Or la désuétude, abrogation tacite, ne peut que détruire; l'abrogation expresse ne fait point autre chose, car elle n'est introduite que pour rendre plus certaine la première, *pour prévenir les difficultés et les procès.*

Il ne nous reste plus à examiner que les passages de MM. Mouricault et Jaubert, qui ont trait à la question.

Selon M. Troplong, il y a dans le rapport de M. Mouricault une maxime qui, à elle seule, suffirait pour assurer le succès de la théorie du droit réel; une maxime par laquelle ce tribun repousse toutes les objections tirées de la roi romaine, n° 490; une maxime que l'auteur considère comme la *racine*, n° 496; comme la *base*, n° 490; comme la *raison décisive*, n° 13; de l'art. 1743, interprété, bien entendu, dans le sens du droit réel; une maxime qu'il honore de la qualification de *grand principe*, n° 490; qui le fait s'écrier : Voilà le *grand mot proféré !* n° 490; une maxime enfin qui *explique et aplanit tout*, hors de laquelle *on se perd dans un dédale de contradictions, d'exceptions, d'impossibilités*, n° 490. Cette maxime est qu'on ne peut transférer plus de droits qu'on n'en a soi-même.

C'est promettre beaucoup..... !

Il est inutile de prévenir le lecteur qu'ici, comme

partout, M. Troplong confond l'abrogation de la maxime, *successor particularis non tenetur stare colono*, avec l'introduction du droit réel; et lorsqu'en effet M. Mouricault repousse avec son *grand principe* les objections tirées de la loi romaine, c'est-à-dire de la loi *Emptorem*, pour M. Troplong, ce tribun repousse, au profit de la réalité, les objections des partisans de la personnalité: en un mot, il est censé détruire la personnalité, par cela seul qu'il détruit la règle consacrée dans la loi *Emptorem*. Cette observation seule ruine l'argumentation de M. Troplong; car si la réalité n'était pas en cause, si M. Mouricault ne s'en constituait pas le champion, il n'a pas eu à invoquer cette maxime pour repousser des objections qu'on n'avait garde de lui faire, et la simple lecture du passage qui suit, prouve qu'en effet il ne se proposait que de justifier l'*innovation utile* de l'article 1743.

« Mais (et c'est encore une *innovation utile*) le bail » ne sera plus résolu par la seule volonté de l'acquéreur » de la chose louée, ce ne sera plus du moins une faculté » accordée de droit au nouvel acquéreur; il faudra, pour » qu'elle lui ait été transmise, qu'elle ait été expressé» ment réservée par le bail.

» Cette faculté prenait sa source dans les lois romaines; » mais elle ne l'attribuait qu'à celui qui par son titre » d'acquisition n'avait pas été chargé de l'entretien du » bail. Chez nous cette stipulation même ne le privait » pas de cette faculté; elle ne le soumettait à autre chose » qu'à indemniser le locataire en l'expulsant; elle n'avait » pas plus d'effet que la stipulation directe, qui l'aurait » chargé de payer l'indemnité en l'acquit du vendeur. » A l'appui de cette jurisprudence, on disait que le droit » du locataire n'est qu'un droit de créance personnelle;

» que la tradition qu'il reçoit ne lui transfère aucun droit » dans la chose, pas même celui de possession, puisque » le bailleur reste propriétaire et même possède par son » locataire ; que l'acquéreur au contraire reçoit une » pleine transmission de propriété.

» *Mais qu'importent ces considérations?* N'est-il donc » pas de principe qu'on ne peut transmettre à autrui » plus de droits qu'on n'en a soi-même? Le vendeur » qui, par un bail constaté, s'est dessaisi pour un temps » convenu de la jouissance de sa chose, qui a promis de » garantir cette jouissance au preneur, et dont *l'obli-* » *gation principale*, en effet, est *de faire jouir* le pre- » neur, peut-il donc vendre ou léguer à un tiers sa pro- » priété *dégagée de cette obligation?* On croyait, en » attribuant au nouvel acquéreur le droit d'expulsion, » favoriser les ventes, et l'on décourageait les établis- » sements d'agriculture, d'usines et de manufactures, en » violant les principes. Il vaut mieux y revenir, et con- » server à chacun ce qui lui appartient, ce que la con- » vention lui promet et doit lui assurer. » (Fenet, t. 14, p. 330.)

Est-il question dans ce passage du droit réel? y est-il question de la nature du droit du preneur? Non. Cela était tout à fait étranger à la pensée de l'orateur. Il ne tend qu'à une chose, à la suppression de la loi *Emptorem*.

En effet, après avoir rappelé ce que l'on disait pour justifier cette loi, à savoir, que le droit du locataire n'étant qu'un droit de créance, ne suit pas cette chose entre les mains de l'acquéreur, il ne propose pas la suppression de ce droit de créance, et son remplacement par le droit réel. Au contraire, il le reconnaît ; mais il soutient que sa conséquence doit disparaître en présence d'un autre principe auquel de graves motifs doivent faire accorder la préférence.

C'est le seul sens raisonnable qu'on puisse donner à ces paroles : « Mais qu'importent ces considérations ? » N'est-il donc pas de principe qu'on ne peut transférer » plus de droits qu'on n'en a soi-même ? »

C'est donc malgré ces considérations qu'il ne conteste pas, c'est-à-dire, malgré la nature toute personnelle du droit du preneur, qu'il propose d'admettre la règle nouvelle consacrée par l'article 1743 ; et remarquons-le, la suite du passage est tout entière favorable au maintien de l'*obligation du bailleur*, nonobstant l'aliénation : « Le » vendeur, y est-il dit, qui a promis de garantir la jouis- » sance du preneur, et dont l'*obligation principale* est » en effet *de faire jouir* le preneur, peut-il donc vendre » ou léguer à un tiers sa propriété *dégagée de cette* » *obligation ?* »

M. Mouricault veut donc *seulement la transmission de l'obligation*, et non l'introduction d'un droit nouveau ; il veut, en supprimant la loi *Emptorem*, qui ne peut se concilier avec l'équité et la foi due aux contrats, que l'acquéreur ne soit pas, à l'égard du locataire, dans une meilleure condition que le bailleur ; en un mot, il veut que le vendeur qui ne peut directement résoudre le contrat de bail ne puisse plus désormais le faire résoudre indirectement, en transmettant à son acquéreur plus de droits qu'il n'en a lui-même.

C'est la consécration du principe d'équité et de sa prééminence sur la rigueur du droit.

Cependant M. Troplong veut absolument que la maxime invoquée par M. Mouricault soit la preuve manifeste qu'on voulait que le bail fît impression sur l'immeuble. « Ce principe, dit-il, n'aurait eu aucune

» application possible, si le bail n'eût engagé que la » personne du locateur, comme dans le droit romain » et notre ancien droit français, *s'il n'eût pas engagé » la chose.* » N° 490.

S'il en était ainsi, on ne pourrait en conclure qu'une chose, c'est que M. Mouricault a fait mal à propos un emprunt au droit réel d'une de ses maximes, pour l'appliquer à une matière qu'il reconnait personnelle, comme nous venons de le voir, comme cela résulte encore des paroles qui suivent :

« On croyait, en attribuant au nouvel acquéreur le » droit d'expulsion, favoriser les ventes, et l'on décou» rageait les établissements d'agriculture, d'usines et » de manufactures, *en violant les principes.* Il vaut » mieux y revenir, et conserver à chacun ce qui lui » appartient, ce que la convention lui promet et doit » lui assurer. »

L'orateur, par ces mots, *en violant les principes*, entend parler de la maxime : *qu'on ne peut transférer plus de droits qu'on n'en a soi-même.* Si, avant le Code, on les violait, c'est que dans son opinion elle n'est pas incompatible avec la personnalité du droit du preneur ; car il serait contradictoire de se plaindre de la violation d'une maxime en présence d'un droit qui la repousse. Comment pouvait-on la violer, si ce n'est en autorisant l'acquéreur à faire contre le locataire ce que le bailleur ne pouvait pas faire ? C'est cette modification juridique, mais *inique*, de la maxime qu'il s'agissait de faire disparaître, en plaçant l'acquéreur dans la même situation que son auteur, c'est-à-dire, en lui transmettant toutes les obligations de ce dernier. « L'acquéreur, objecte » M. Troplong, n° 3, ne succède jamais aux obliga» tions personnelles de son vendeur ; il ne succède

» qu'aux charges réelles. » J'en conviens, et c'est pour cette raison qu'une disposition législative expresse était nécessaire.

M. Mouricault, d'ailleurs, en invoquant la maxime, ne lui a pas donné l'importance que suppose M. Troplong. Ses motifs déterminants étaient puisés dans un ordre d'idées plus relevées. Il n'a fait servir cette maxime qu'à montrer que l'innovation se justifiait par les principes mêmes de la science.

Ses motifs véritables étaient l'intérêt général et la morale publique, à laquelle portait atteinte cette violation détournée de la foi due aux contrats. Il pouvait s'en tenir là ; il avait satisfait à son devoir de législateur.

Mais il ne lui était pas interdit de faire plus. Après avoir justifié une utile innovation par de hautes considérations, il veut entraîner l'assentiment de ceux que retenait encore un scrupule scientifique, et commentateur anticipé de l'article 1743, il démontre qu'il ne touche à la maxime *successor particularis non tenetur stare colono*, que pour se mettre en harmonie avec cette maxime plus équitable : qu'on ne peut transmettre plus de droits qu'on n'en a soi-même.

Poussons les choses plus loin : non-seulement M. Mouricault n'a pas invoqué cette maxime en vue du droit réel, mais il n'eût pu le faire qu'en se condamnant à une grossière pétition de principe.

En effet, ne perdons pas de vue l'état de la question : il ne s'agissait pas d'interpréter l'article 1743 qui n'existait pas encore, il s'agissait de l'introduire dans le Code : il fallait amener les partisans de la loi *Emptorem* à consentir à son abrogation.

S'il est vrai, comme le soutient M. Troplong, que le principe *qu'on ne peut transférer plus de droits qu'on n'en a soi-même*, n'a aucune application possible à un bail qui n'engage pas la chose, qui ne fait pas impression sur l'immeuble, n° 490, qui ne crée pas, en un mot, un droit réel, M. Mouricault, en le supposant défenseur du droit réel, ne pouvait faire usage de ce principe dans la discussion ; car c'eût été argumenter du droit réel lui-même, pour arriver au droit réel. Invoquer une maxime qui n'est vraie qu'autant que le droit est réel, pour établir la réalité du droit, c'est tourner dans un cercle vicieux.

Mais il est facile de justifier M. Mouricault du reproche d'avoir, dans une matière toute personnelle, invoqué une maxime applicable seulement au droit réel, et de montrer que M. Troplong a eu tort quand il a dit : « Le bail n'affectant la chose par aucun point, le » propriétaire pouvait en disposer librement, sans blesser le moins du monde la maxime rappelée par » M. Mouricault. »

Et encore : « A un propriétaire dont la chose est dans » ses mains, libre de toute restriction et de toute affectation, et qui la rend telle qu'elle lui appartient, on » ne peut opposer la règle : *que nul ne peut transférer plus de droits qu'il n'en a lui-même.* »

Si on prend à la lettre la maxime, elle ne mérite guère les qualifications louangeuses que lui donne M. Troplong ; elle n'exprime qu'une trivialité. Cette maxime a donc une autre portée.

Je sais que dans les sciences exactes on énonce et on enseigne des propositions aussi simples, par exemple, *le tout est plus grand que la partie* ; mais ces propositions ont pour objet d'énoncer des vérités évidentes qui sont le fondement et le point de départ d'une série d'autres propositions dont elles contiennent la justification.

Les maximes de droit n'ont pas, en général, cette mission; elles sont destinées à servir de guide à défaut de dispositions législatives expresses.

Il faut donc donner un peu d'extension aux termes de la maxime dont il s'agit. Il faut trouver à l'expression *transférer* un sens tel, qu'on conçoive le doute qu'elle peut lever, la difficulté qu'elle peut prévenir. Alors la règle aura une mission à remplir; elle maintiendra ceux qui sont dans la bonne voie, et y ramènera ceux qui s'en écartent.

Quand une translation de droits a lieu, l'attention se porte sur ce qu'acquiert la personne au profit de qui se fait l'aliénation, et on compare ce qu'elle a en résultat avec ce qui a été transporté. Communément on trouve une égalité parfaite entre les deux termes de la comparaison. Quelquefois cependant on trouve que ce qui est acquis est plus considérable que ce qui a été transféré; dans ce cas, et en faisant abstraction des moyens à l'aide desquels ce résultat extraordinaire s'est produit, on peut dire, avec une certaine vérité, qu'on a *transféré* plus de droits qu'on n'en avait soi-même. Mais comme c'est là un cas rare, et que le plus souvent les deux choses sont égales, on a fait de cette égalité la règle. De là la maxime: *On ne peut transférer plus de droits qu'on n'en a soi-même.*

Mais l'excédant, lorsqu'il y en a, d'où vient-il? il ne provient pas de *l'aliénant*, puisqu'alors il l'eût transféré lui-même; il ne peut donc exister qu'au détriment des tiers. En conséquence, le sens juridique de la maxime est: que celui qui acquiert ne peut d'ordinaire prétendre contre les tiers des droits que celui qui aliène n'avait pas.

Qu'on n'objecte pas que cette prétention serait ridicule, qu'elle ne se présentera jamais; car la loi elle-même l'autorise quelquefois, comme nous allons le voir. Mais si la loi l'autorise dans certains cas, on peut facilement concevoir que l'intérêt personnel, si prompt à se faire illusion, s'efforcera d'agrandir à son profit le cercle des exceptions.

Dans les cas où la loi concède contre les tiers l'exercice de droits que n'avait pas l'aliénant, celui-ci a transmis plus de droits qu'il n'en avait lui-même, en ce sens qu'il a *fait acquérir* cet excédant, qu'il a été la cause *occasionnelle* de cette acquisition; la loi, qui est la cause *productive*, fût, sans lui, restée inactive.

La règle, ainsi expliquée, se trouve être une branche de cette autre plus générale: *Res inter alios acta, aliis non nocere potest.*

J'étais propriétaire sous une condition résolutoire, j'aliène, et la condition s'accomplit. Le droit de mon acquéreur s'évanouit comme le mien; je n'ai pu lui transférer plus de droits que je n'en avais moi-même, à l'égard de celui au profit de qui s'est accomplie la résolution, et ma convention n'a pu nuire à ce dernier: *Res inter alios acta, aliis non nocere potest.*

Toutes les fois que cette dernière maxime sera blessée dans un acte d'aliénation, il y aura aussi violation de la première, et les tiers lésés pourront justement réclamer justice, appuyés sur ces deux maximes; à moins que les acquéreurs ne se trouvent dans l'un des cas d'exceptions que la loi autorise.

Ainsi un donataire aliène l'immeuble donné: plus tard il y a lieu à réduction; le donataire eût dû rapporter l'immeuble, s'il en fût resté propriétaire, et néanmoins l'acquéreur le gardera, sauf le cas d'insolvabilité du donataire. Le donataire a transféré plus de droits qu'il n'en avait lui-même. La même exception se retrouve en matière de rapport, mais la plus forte est celle qui est consacrée par les articles 1141 et 2270.

Voyons maintenant si, dans l'ancien droit, le locataire avait à se plaindre de la violation de la maxime; M. Troplong, nous l'avons vu, le nie expressément; M. Toullier, au contraire, le reconnaît. *Notre nouvelle législation est plus conforme*, dit-il, *à cette maxime*. Mais, d'après les explications qui précèdent, il ne nous sera pas difficile de donner gain de cause au professeur de Rennes. En effet, l'aliénation n'était point un acte indifférent au locataire, dont il ne dût avoir nul souci, duquel, en un mot, il pût dire : *Res inter alios acta, mihi non nocere potest*; avant l'aliénation, je pouvais me maintenir dans ma jouissance, je le pourrai encore après : *Nemo plus juris in alium transferre potest quàm ipse habet*. Il ne pouvait évidemment tenir ce langage, puisque l'aliénation l'exposait à une expulsion qu'il n'aurait pas eu à craindre sans elle. Il y avait donc à son détriment violation de ces deux maximes.

Cette violation, dira-t-on, résultait des principes; elle était légale. Qui le conteste? qui en doute? Elle était légale, comme toutes celles que j'ai rapportées. En sont-elles moins des violations de ces règles?

Il reste donc démontré que M. Mouricault ne s'est pas posé en défenseur du droit réel. Il n'a voulu que l'abrogation de la loi *Emptorem*, comme *innovation utile*; il n'a pas voulu qu'un bailleur, violant sa promesse, transférât à un tiers sa propriété, dégagée de son obligation personnelle. Et c'est uniquement pour conserver au locataire sa position, ou, pour employer ses expressions, *ce que la convention lui promet et doit lui assurer*, qu'il invoque la maxime *qu'on ne peut transférer plus de droits qu'on n'en a soi-même*.

M. Jaubert ne veut pas autre chose que M. Mouricault; comme celui-ci, il s'attaque à la loi *Emptorem*, il en poursuit l'abrogation. Cela ressort des extraits qui suivent :

« Le projet veut que l'acquéreur ne puisse déposséder » le fermier ou le locataire avant l'expiration du bail, » à moins que le preneur ne s'y soit soumis.

» Pourquoi l'intérêt des tiers serait-il lésé par une » vente qui leur est étrangère ? Pourquoi un titre nou- » veau détruirait-il un titre préexistant ?

» C'est surtout à l'égard des biens ruraux que l'inno- » vation était appelée par l'intérêt public. Elle favorise » les baux à longues années. » (Fenet, t. 14, p. 353.)

Ces passages ne devraient être l'objet d'aucune nouvelle observation, si ces paroles : Pourquoi l'*intérêt des tiers serait-il lésé par une vente qui leur est étrangère ?* n'avaient pas donné lieu au commentaire suivant :

« Le preneur qui, dans le système de l'ancien droit, » n'avait pas la plus légère affectation sur la chose, » le preneur, qui n'avait pour obligé qu'une personne, et » non la chose, *n'était pas lésé*, quand cette chose lui » échappait, et il ne s'élevait aucun conflit contraire à » la justice entre les titres respectifs !!! » N° 490.

Comment l'intérêt des tiers, c'est-à-dire des preneurs, n'était pas *lésé* par leur expulsion ! Mais j'avais cru jusqu'ici que la nouvelle législation avait eu pour but principal de mettre à couvert l'intérêt, *autrefois lésé*, de ces preneurs, intérêt qui est celui de l'agriculture et du commerce, et je m'étais cru en cela d'accord avec

M. Troplong. « Il résultait, dit-il, n° 484, de cet état de » choses sous l'ancienne jurisprudence, de longs et dis» pendieux procès, pour le règlement des dommages et » intérêts (en cas d'expulsion); d'autre part, le droit de » propriété était, pour ainsi dire, placé en état d'hosti» lité envers ses plus utiles auxiliaires. Les conducteurs » d'héritages urbains ou ruraux étaient souvent ex» posés à être troublés dans leur jouissance, et *ce » danger était grave*, surtout en ce qui concerne les » fermiers qui ont besoin de garantie, de stabilité pour » leur exploitation.

» L'assemblée constituante, préoccupée surtout *des » intérêts de l'agriculture* (auxquels sans doute ceux » des fermiers ne sont pas étrangers) crut devoir porter » remède à ce *mal.* »

Les intérêts des preneurs étaient donc lésés, de l'aveu même de M. Troplong. Se justifiera-t-il en prétendant qu'il a entendu parler d'une lésion imputable à l'acquéreur. Cette explication ne ressort pas de ses paroles; et d'ailleurs elle supposerait que l'auteur a méconnu le sens des paroles de M. Jaubert. Celui-ci ne s'occupait pas de l'imputation, mais du fait matériel de la lésion produite, avant le Code, par l'expulsion; et son désir, comme celui de l'assemblée constituante, du Conseil d'état, du Corps législatif, du Tribunat, était d'apporter un *remède à ce mal.*

Je termine ici cette dissertation, dans laquelle il me semble avoir eu constamment pour auxiliaires les principes, les considérations, les documents. Il est possible néanmoins que je me fasse illusion; je m'en rapporte au jugement des personnes éclairées et, par conséquent, à celui de M. Troplong lui-même. Je voudrais ramener ce savant magistrat à ce que je crois fermement la véritable doctrine. Mais si je laissais échapper la pensée qu'après un meilleur examen, il reviendra à d'autres idées ; lui qui se persuade que sa doctrine est la seule *simple*, *vraie*, *logique*, n° 492, il me renverrait sans aucun doute à sa réponse à M. Duvergier, qui avait manifesté cette espérance : « Quand M. Duvergier m'ex- » horte à revenir de mon opinion, je me sens mieux » fondé que jamais à lui répondre comme Crassus : » *Tunc ille fidenter confirmare, ita se rem habere, ut* » *respondisset.* » N° 498.

Quoi qu'il arrive, ce travail provoquera, je l'espère, de nouvelles méditations sur ce sujet, et j'aurai ainsi concouru, selon mes forces, « au but que se proposaient » ces personnes savantes et expérimentées qui, en en- » gageant M. Troplong, à soutenir ses assertions, y » ont vu l'occasion d'une discussion profitable à l'étude » du droit. » N° 8.

PARIS.—IMPRIMERIE DE FAIN ET THUNOT,
IMPRIMEURS DE L'UNIVERSITÉ ROYALE DE FRANCE,
Rue Racine, 28, près de l'Odéon.

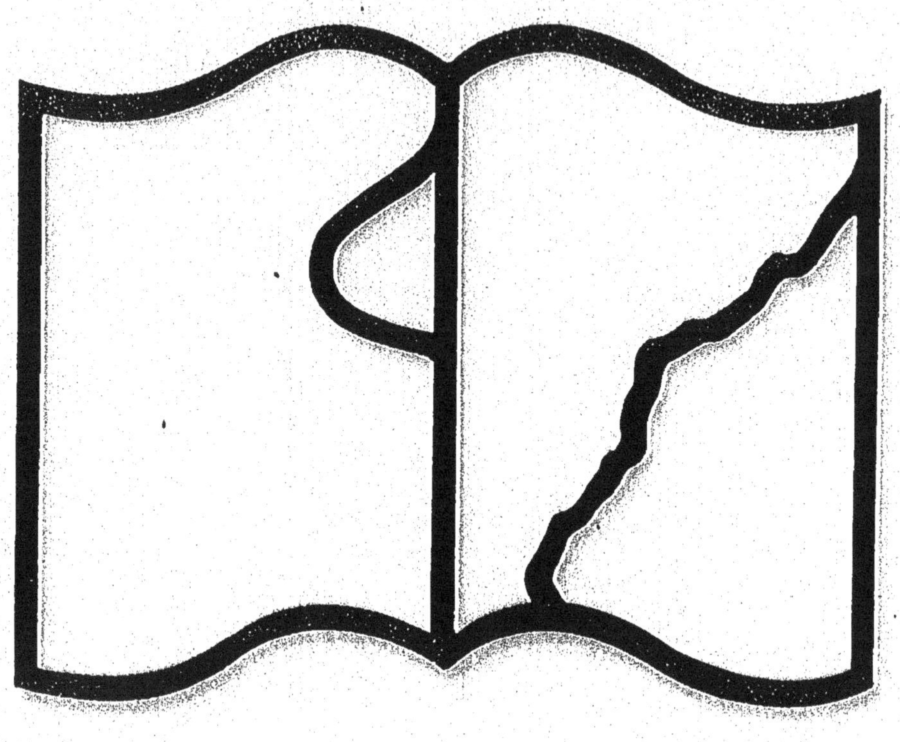

Texte détérioré — reliure défectueuse

NF Z 43-120-11

www.ingramcontent.com/pod-product-compliance
Ingram Content Group UK Ltd.
Pitfield, Milton Keynes, MK11 3LW, UK
UKHW020406230726
13925UKWH00003B/1279